Johannes Hugo Balsliemke OSC
Kamillus von Lellis

Johannes Hugo Balsliemke OSC

Kamillus von Lellis

Diener der Kranken

Johannes-Verlag Leutesdorf

Achte, erweiterte Auflage 1986

Mit kirchlicher Druckerlaubnis
Copyright by Johannes-Verlag Leutesdorf, Germany
Umschlagbild: Heiliger Kamillus von Lellis, Schutzherr der
Kranken und Sterbenden, der Krankenhäuser und der Pflegekräfte

Foto: Archiv des Provinzialats der Kamillianer, Essen-Heidhausen

Gesamtherstellung: Druckerei des Johannesbundes e.V.,
D-5458 Leutesdorf am Rhein

ISBN 3-7794-0807-4

Zu beziehen durch die *KSM*
Katholische Schriften-Mission, D-5458 Leutesdorf

Diese Kleinschrift will

zunächst über den heiligen Kamillus von Lellis berichten. Sein Name und sein Orden sind im deutschen Sprachgebiet einigermaßen bekannt. Aber wie dieser Mann seinen Weg fand, wie er zur Gründung des Ordens kam und was er uns heute zu sagen hat, wissen noch zu wenige. Wer also Kamillus und seine Zielsetzung näher kennenlernen will, dem soll mit dieser kleinen Schrift eine Handreichung geboten werden.

Die Nöte und Aufgaben, denen sich Kamillus in seiner Zeit gegenüber sah, haben sich verlagert und gewandelt, aber von ihrer Dringlichkeit nichts verloren. Bei Kamillus kann man lernen, zu sehen, nachzudenken, sich helfend einzuschalten.

Auf das Herz kommt es dabei an. Deshalb verzichten die folgenden Ausführungen auf wissenschaftliche Ansprüche ebenso wie auf romanhafte Ausgestaltung. Es wird ganz einfach vom Tun und Wollen, vom Schicksal und Weiterwirken eines sich hilfsbereit opfernden Menschen erzählt und dies in der Hoffnung, daß es gerade so zum Herzen des Lesenden spricht.

Viele haben heute ein Verlangen nach Begegnung mit solchen Vorbildern. Die Bilderlosigkeit der Kirchenwände und der Predigt befriedigt nicht mehr. Das Vordringen falscher Leitbilder durch die Massenmedien erschreckt und stößt ab. So mag es helfen und guttun, das Heldenbuch der Kirche aufzuschlagen. Vertiefen wir uns in einige Blätter aus dem Anbruch der Neuzeit, die jetzt offenbar im Umbruch steht.

Diese Schrift darf gleichzeitig eine Jubiläumsgabe an alle Kranken und Krankenfreunde sein. Geht sie doch neu hinaus unter dem Impuls einer Hundertjahrfeier: Am 22. Juni 1886 erklärte Papst Leo XIII. den heiligen Kamillus von Lellis und den heiligen Johannes von Gott (den Stifter der Barmherzigen Brüder) zu Schutzpatronen der Kranken und Krankenhäuser.

Mühsame Jugend

Unseren wortreichen Sterndeutern wäre es wohl schwergefallen, diesem Heiligen die Zukunft aus den äußeren Umständen bei seiner Geburt vorauszusagen. Kamillus von Lellis ist im Sternbild der Zwillinge geboren. Aber es waren zumindest recht ungleiche ,,Zwillinge", die da an seiner Wiege standen: Sturm und Stille, verkörpert in Vater und Mutter.
Das Städtchen Bucchianico liegt hoch in den rauhen Abruzzen auf einem Hügel. Ein feuriger Menschenschlag wohnt dort. Schon dessen Vorfahren im Altertum, die Samniter, haben den Römern das Leben oft schwergemacht.
Man schreibt das Jahr 1550; ein heiliges Jubiläumsjahr hat der Papst ausgerufen. Für Bucchianico ein Anlaß mehr, das Kirchweihfest Sankt Urban womöglich noch lautstärker als sonst zu begehen. Einer der Hauptmacher dabei ist der alte Johann von Lellis. Ruppiges Soldatenblut steckt in ihm; auch beim Sacco di Roma, der grauenvollen Plünderung Roms durch die Landsknechte Kaiser Karls V. (1527), war er beteiligt gewesen.
Bucchianico feiert also Sankt-Urbans-Tag. An diesem geräuschvollen 25. Mai kehrt stilles Glück bei Camilla de Lellis ein. Der Himmel schenkt ihr in vorgerückten Jahren noch einmal ein Kind, das ist unser Heiliger. Ihr erster Sohn war schon sehr früh gestorben.
Kamillus hat später oft einen Traum erzählt, den die Mutter vor seiner Geburt hatte: sie sah ihn von einer Schar

anderer Kinder umringt, die alle auf der Brust mit einem Kreuz geschmückt waren und unter seiner Führung zu irgendeinem Unternehmen auszogen. Es waren ja damals kriegerische Zeiten, und solche sind für Mütter immer besonders reich an Sorgen, die sich dann in Träumen kundgeben können. Auch Räuberbanden verbreiteten oft Angst und Schrecken und zwangen die Behörden zu hartem Durchgreifen. So hat Sixtus V., selber einst Hirtenknabe in den Abruzzen, kaum daß er zum Papst gewählt war, einige seiner eigenen Verwandten als dingfest gemachte Räuber hinrichten lassen. Was Wunder, wenn Camilla de Lellis nach einem solchen Traum von bösen Ahnungen über die Zukunft ihres Sohnes bedrängt wurde! Um so mehr sorgte und betete sie für den Kleinen, der ihren Namen erhalten hatte. Kann ein Kind solcher Tränen verlorengehen? — Kamillus wurde tatsächlich Anführer einer todesmutigen Schar, in der Landsknechtssprache eines ,,verlorenen Haufens", dessen Mitglieder ein rotes Kreuz als Abzeichen auf der Brust trugen, aber nicht zum Schrecken, sondern zum Segen für die Mitwelt. Doch das hat die Mutter nicht mehr erlebt. Als sie starb, war ihr Sohn gerade zwölf Jahre alt.

Der Vater hat von Erziehung wohl nicht viel verstanden. Spätere Aussagen von Jugendgefährten konnten dem jungen Kamillus kein gutes Zeugnis ausstellen. Nicht gerade ein schlechter Junge, aber verwildert, weil einsam, führungslos. Wenig Schule und Schliff, die dem Sproß aus adeligem Haus wohl angestanden hätten, um so mehr Rauferei und Kartenspiel. Das bedrückende Bild zu früh sich selbst überlassener Kinder und Jugendlichen: wir kennen es heute zur Genüge, aber Vergleichbares gab es auch schon vor Jahrhunderten.

Kamillus wird gerade achtzehn Jahre alt, da geht die Werbetrommel wieder einmal durchs Land. Die Republik Venedig sucht Söldner zum Krieg gegen die Türken, die Europa immer stärker bedrohen. Jetzt wird selbst der alte Hauptmann Johann de Lellis wieder lebendig. Mit dem achtzehnjährigen Sohn und zwei Vettern zieht er los. Aber sie kommen nicht weit. In Ancona werden sie von einem bösen Fieber befallen, und bei Loreto schaufelt Kamillus dem Vater das Grab. Nun steht er allein auf der Welt.

Später hat der Heilige einmal versichert, daß er keinen Pfennig geerbt habe. Aber auch mit dem Kriegsdienst wurde es vorläufig nichts. Auf dem Spann seines rechten Fußes hatte sich eine Wunde gebildet, die nicht heilen wollte. Kamillus ist sie sein Leben lang nie mehr richtig losgeworden. Diese Wunde wurde langsam zur Fessel, mit der ihn Gott an seine spätere Aufgabe, seinen Lebensberuf, binden wollte.

Mancher Mensch leidet über Jahre hinweg, vielleicht gar lebenslang, an einer Krankheit oder anderen Behinderungen. Unbestreitbar eine Last und Fessel. Aber für viele auch der Schlüssel zu einer höheren Reife und Lebensleistung, die sie sonst kaum erreicht hätten. Entscheidend bleibt, wie man es nimmt und was man daraus macht.

Kamillus wurde nach dem Tod des Vaters zunächst von Kleinmut befallen. In seiner trostlosen Lage erinnerte er sich, daß er einen Onkel Paul hatte, der in Aquila Vorsteher des Franziskanerklosters war. Bei ihm klopfte er an und bat um Aufnahme in den Orden. Der Onkel hielt aber wohl mit Recht nicht viel vom Klosterberuf des jungen Verwandten. Er verwies ihn auf das Sankt-Jakobs-Spital in Rom. Dort solle er zunächst einmal seine Wunden ausheilen lassen; dann könne man ja weiter sehen. — Kamillus folgt dem Rat und geht nach Rom. Um seine Behandlung im Spital abzuverdienen, läßt er sich dort als Krankenwärter anstellen. Mit Mühe und Not hält er das ein Jahr lang aus.

Dann wird ihm gekündigt; es ist nicht mehr mit ihm auszuhalten. Sein Jähzorn bringt ihn mit allen in Streit, und über dem Kartenspiel läßt er seine Pflichtarbeiten liegen. Heute würde man vielleicht sagen: ,,Ein Asozialer in einem sozialen Beruf." Der spätere Schutzheilige der Krankenpflege hat zunächst einmal vorgemacht, wie man es nicht machen soll.

Fünf Jahre ist er dann doch noch Soldat, zu Lande und zur See, im Krieg gegen die Türken unter Ferrante di Gonzaga, dem unheiligen Vater des heiligen Aloisius. Bei der Glanzleistung dieses Krieges, der fürchterlichen, aber siegreichen Seeschlacht von Lepanto 1571, war er allerdings nicht beteiligt; da lag er garade todkrank auf der Insel Korfu in einer Strohhütte. Eine andere Lebensgefahr verschuldet er selbst, indem er während eines Feldzuges in Dalmatien einen Kameraden zum Zweikampf fordert, weil dieser beim Kartenspiel gemogelt hat. Als er 1574 in spanische Dienste trat, suchte er sich die Kompanie mit den besten Spielern aus. So hat er später selbst erzählt, wie er denn überhaupt recht offenherzig war, wenn es darum ging, die Verirrungen seiner Soldatenzeit zu bekennen. Doch glauben seine späteren Biographen versichern zu können, Kamillus habe sich von den häßlichen

Seiten des Söldnerlebens freigehalten. Adeliges Erbe, nachwirkender Einfluß seiner guten Mutter? Er war eben, wie so viele junge Menschen unserer Zeit, ungenügend ausgerüstet aus dem Elternhaus ins Leben gestoßen worden, und dazu in einen Beruf, für den seine innere Kraft und Reife keineswegs langte.

Der Lebenshunger des jungen Menschen geht auf Abenteuer, auf ein bißchen Blühen, Freude, Glück, Freiheit. Wenn die Weichen verkehrt gestellt sind und die rechten Leitbilder fehlen, können die schönsten und entscheidendsten Jahre der Jugend verdorben werden. — Wer selber als junger Mensch bessere Starthilfen hatte, kann wohl nicht dankbar genug sein. Und gibt es eine schönere Art des Dankens, als anderen Jugendlichen verständige Lebenshilfe zu bieten?

Der neue Weg

Im Spätherbst 1574 haben die Spanier genug vom Krieg. In Palermo setzen sie die Söldner an Land. Ausgebootet, abgebaut! Die Spielerkompanie hält noch zusammen. Kamillus bleibt dabei, bis er alles verspielt hat. Dann zieht er nach Neapel, aber dort trifft er wieder ein paar ,,Ehemalige". Selbst seinen Waffenrock verliert er beim Spiel. Auf offener Straße zieht er ihn aus, wirft ihn auf den Spieltisch und geht davon. — Später wurde an der Stelle eine Erinnerungstafel angebracht, und es heißt, daß besorgte Mütter hier ihre von der Spielwut befallenen Söhne der Fürbitte des heiligen Kamillus anempfehlen. — Sollten vielleicht auch zünftige Skatbrüder ihn zum Schutzherrn küren?
Ende November 1574 steht der hochgewachsene junge Edelmann an der Kirchtür in Manfredonia und — bettelt. Da kommt ein Bauunternehmer vorbei, ein Wort gibt das andere, und am 1. Dezember fängt Kamillus als Handlanger beim Bau eines Kapuzinerklosters an. Mit zwei Eseln muß er Sand, Kalk und Steine herbeischaffen. Es wird ihm unbeschreiblich schwer, zumal er den Spott der Gassenjungen dabei zu ertragen hat. Aber er beißt die Zähne zusammen: ,,Es wird schon anders, es wird schon besser werden." Jedenfalls hat er in diesem Winter zu essen und ein Dach über dem Kopf. Nicht nur junge, auch ältere Menschen müssen oft wieder ganz von vorn anfangen, und sie schaffen es, wenn sie Grund zur Hoffnung sehen.

Zwei Monate schwankt Kamillus zwischen Hoffnung und Verzagtheit, zwischen Arbeitswillen und Verdrossenheit. Das neue Jahr 1575 ist angebrochen, nach päpstlicher Verfügung wieder ein ,,Heiliges Jahr", ein Gnadenjahr wie das seiner Geburt. Mit dem Januar ist der gröbste Winter vorbei. Am 1. Februar wird er in einen entfernteren Nachbarort geschickt, um mit seinem Lasttier eine Ladung Wein abzuholen. Die Tage sind um diese Jahreszeit noch kurz, und der Rückweg ist am Nachmittag nicht mehr zu schaffen. Die Kapuziner dort geben ihm Nachtquartier. Pater Angelo zieht den jungen Mann ins Gespräch, erkundigt sich nach Herkunft und bisherigen Lebensschicksalen. Es wird ein langes, gründliches, hartes Gespräch. Kamillus bekommt allerlei zu hören, aber doch nicht so, daß er ,,zur Schnecke gemacht" würde: Im Gegenteil, da wird ein gutes heißes Eisen geschmiedet! Der Unsinn seines bisherigen Lebens wird ihm schonungslos klargemacht. Aber die Hauptsache ist der Blick nach vorn: ,,Kamillus, du könntest mehr!"

Das Gespräch wirkt nach. Es geht ihm beim Zurückreiten nach Manfredonia mächtig durch den Kopf. Später einmal gestand der Heilige in einer weihevollen Stunde, er habe seit jenem 2. Februar keine freiwillige Sünde mehr begangen. ,,Hätte ich auf dem Rückweg einen Kapuziner-Habit gefunden, auf der Stelle hätte ich ihn angezogen!" Dieser Pater Angelo hätte ja den jungen Mann mit seinem Lasttier einfach sich selbst überlassen können. Aber er hatte helle Augen und ein warmes Herz und merkte, daß hier ein Mensch in Not war. Nicht jeder heruntergekommene Mensch kann aufgefangen und umgekrempelt werden, aber mancher doch! Schade um jeden, der einfach abgestempelt, abgeschoben, fallengelassen wird! Viele gute Häuser sind aus Trümmersteinen gebaut worden! Wem seine Zeit und Ruhe für ein schwieriges Gespräch zu schade ist („Bin ich denn der Hüter meines Bruders?"), wie kann der vor Jesus bestehen, dem „Freund der Zöllner und Sünder"? Streift uns ein trauriger Blick, oder fangen wir eine grollende Bemerkung auf: Achtung, das kann auch ein verzweifelter Hilferuf sein! „Er sah ihn und ging vorüber." Ich kann tatsächlich nicht überall stehenbleiben, dem Mann oder der Sache nähertreten. Aber die Unruhe muß mir bleiben, daß ich mich wenigstens dort nicht verdrücke, wo ich echt angerufen und gefordert bin. Es läßt sich viel mehr Gutes tun, als man denkt. Wie schnell war dem jungen Kamillus geholfen! Wie Gott doch so gern dem schwachen menschlichen Bruderdienst mit seiner mächtigen Gnade nachhilft!

Kaum hat Kamillus sich in Manfredonia zurückgemeldet, das Lasttier abgeladen und versorgt, bittet er bei den Kapuzinern um Aufnahme unter die Brüder. Die Spielkarten liegen nun nicht mehr unter dem Kopfkissen. Zum ersten Mal in seinem Leben lernt der junge Mann zu fasten, über den Sinn des Lebens nachzudenken, seinen Willen im klösterlichen Gehorsam zu beugen, die Arbeit als Dienst für Gott und die Menschen zu begreifen. Bald nennt man ihn den „demütigen Bruder". Und er meint, im Himmel zu sein, seine Lebensbestimmung gefunden zu haben.

Aber bald trifft Kamillus neues Unglück. Das lange, rauhe Kapuzinerkleid reibt seine Fußwunde wieder gefährlich auf. Er muß es ablegen. Gegen Ende des Jahres ist er wieder im römischen Sankt-Jakobs-Spital. Zweimal noch versucht er nach einer gewissen Heilung im Orden Fuß zu fassen. Dann muß er diesen Plan aufgeben. So kehrt er nach Rom zurück und nimmt den Dienst im Spital wieder auf. Wozu mag Gott ihn vorgesehen haben?

Zur Gründung eines Ordens

Wer Kamillus in seiner ersten Spitalzeit erlebt hatte, kannte ihn jetzt nicht wieder. Er ist ein anderer geworden: die Aufmerksamkeit, Geduld und Dienstbereitschaft selber. Er hatte mit seiner „Bekehrung" Ernst gemacht. Er hatte in einer Sternstunde Christus erkannt. Einfach so zu leben, „daß man eben noch eine gute Ewigkeit zu erwarten hat", das war jetzt für ihn kein Maßstab mehr.

Es ist etwas Großes um jene Stunde im Leben, da die Enge des eigenen Ich in die weiträumige Liebe zu den Menschen aufgesprengt wird. Beglückend ist die Herzenseinung mit diesem und jenem Einzelmenschen, und sie mag Voraussetzung, Kraftquelle, Rückenstärkung für die ausgreifende Liebe zum Menschen überhaupt sein. Wo diese erwacht, da fallen Mauern im Herzen nieder, und wir spüren den Strom zwischen den Menschen, der von Gott her uns alle miteinander verbindet. Der Verwahrloste in seiner Leibesnot und mit seinem Seelengram birgt unter Armseligkeit ein Stück von mir selber, unser gemeinsames Menschentum!

Mancher spürt es vielleicht, wenn sich so ein Kind in seinen Armen einwiegen läßt und sich wie ein aus dem Nest gefallenes Vöglein anschmiegt. Die Zutraulichkeit des armen Würmchens, und mag es noch so fremd sein, läßt ahnen und fühlen, daß es ein Stück von uns selber ist, geboren wie wir alle aus dem Schöpferwillen des einen allgütigen Vaters. Ob es nun das arglose Kind ist oder der gelähmte Pflegling im Siechenheim, der verhaltensgestörte Jugendliche in Fürsorgeerziehung oder das schwangere Mädchen in einer Beratungsstelle: überall kann man die tiefe menschliche Verbundenheit erfahren, und je stärker sie zum Zuge kommt, desto wärmer, treffender und fruchtbarer wird wohl auch Rat und Hilfe ausfallen.

Solcher Dienst kann wie jede andere Berufsarbeit kundig und redlich geleistet werden. Aber manchem geschieht es dabei auch, daß er in solcher Tätigkeit nicht nur einen Beruf findet, vielmehr Berufung von Gott her erfährt. Das sind die Menschen mit dem hingegebenen Dasein, die vielen stillen Helfer im Reich Gottes. In ihnen wacht mit der Erkenntnis auch eine Kraft auf, die sich immer erneuert, sobald ihnen die Not begegnet, und die sie stets wach und wund erhält gegenüber allem menschlichen Leiden. Von dieser Art war Kamillus; das kam allen in seiner Umgebung immer deutlicher zum Bewußtsein. Nach vier Jahren Spitaldienst übertrug man ihm die freiwerdende Stelle des Anstaltsleiters. Er nahm sie an und nahm sie ernst, und damit kam eine Erneuerung in Gang.

Man darf sich die Spitäler von damals nicht nach Art heutiger Krankenhäuser vorstellen. Sie waren nicht bloß für Kranke bestimmt, sondern waren Orte der Zuflucht, der Einweisung und Versorgung für alles Elend: Krüppel, Blinde, Bettler, Waisenkinder, Obdachlose, Geistesgestörte: alles menschliche Strandgut fand Unterkunft in diesen riesigen, durch zahlreiche alte Stiftungen leistungsfähigen ,,Gasthäusern Gottes". Daß diese Anstalten für die Heilung und Genesung eigentlich kranker Menschen besonders günstig waren, wird unter solchen Umständen keiner annehmen. Darum ging auch kaum einer ins Spital, der sich Pflege und Behandlung zu Hause leisten konnte. An eine besondere Krankenkost dachte niemand; wer darauf angewiesen war oder Wert legte, mußte sie sich schon von Angehörigen oder Freunden bringen lassen, sofern er solche hatte. Sonst hieß es eben: „Vogel friß oder stirb!" Daß ein Unterkommen im Spital sozusagen als allerletzte Möglichkeit galt, kommt in einem Ausspruch von Kamillus zum Ausdruck: „Besser arm und mit Gott versöhnt in einem Spital sterben als reich und unbußfertig in einem Palast."

In friedlichen, wohlhabenden und seuchenfreien Jahren mag es in den Spitälern halbwegs erträglich zugegangen sein. Wenn aber kriegerische Zeiten kamen mit einem vermehrten Zustrom von Versehrten und Flüchtlingen, mit Teuerung und Massenerkrankungen, dann wurden die Verhältnisse auch für damalige Begriffe grauenhaft.

Am schlechtesten stand es mit der Pflege selbst; denken wir nur an den achtzehnjährigen Kamillus bei seinem ersten Aufenthalt: krank und dienstverpflichtet zugleich. Ausgediente Soldaten oder arbeitslose Gesellen waren weithin die „Krankenpfleger". Selbst in der Krankenseelsorge sah es schlimm aus. Man machte es sich da sehr einfach mit der Bestimmung, daß jeder eingelieferte Kranke zuerst die Sakramente empfangen sollte. Ob er aber vor Schmerzen oder Fieber dazu fähig oder überhaupt willens war, darauf wurde vielfach nicht geachtet. Welche Zustände im Herzen der Christenheit, in Rom, wo man eine prächtige Kirche nach der anderen baute!

Sanzio Cicatelli, Zeitgenosse und Mitarbeiter von Kamillus, der schon im ersten Jahr nach dessen Tod seine Lebensbeschreibung herausgab, wird ganz erregt, wenn er an diese Zustände denkt: „Ich rufe Gott zum Zeugen an, daß ich wahr berichte: mehrere Male haben wir aus der Leichenkammer Menschen herausgeholt, die noch am Leben waren. Die Diener hatten sie noch dazu so roh auf den Steinboden hingeworfen, damit sie ja wirklich tot sein sollten. In den Betten fanden wir oft von Würmern zerfressene Sterbende ganz verlassen." Papst Sixtus V. beklagte wiederholt die ,,vielen Unzuträglichkeiten, sogar Gefahren, denen die Kranken aus Mangel an geeigneten Pflegern ausgesetzt sind". Aber Übelstände feststellen und sie abstellen ist zweierlei.

Solche Verhältnisse fand Kamillus vor, mit offenen Augen und glühendem Herzen und jetzt, in seiner neuen amtlichen Stellung, mit bewußter Verantwortung. Zuerst versuchte er es mit Bestimmungen über verschiedene Einzelheiten des Dienstes. Dann hielt er den Pflegekräften und Helfern jede Woche Ansprachen, um den Leuten das Gewissen zu schärfen. Überall griff er persönlich mit zu und überschaute alles. Aber er mußte bald merken: Wo die Beteiligten innerlich unbeteiligt sind und nicht ernsthaft wollen, da ist alles Zureden und Verordnen umsonst.

In einer Nacht des Sommers 1582, Kamillus hat später die Zeit um das Fest der Aufnahme Mariens angegeben, ging er wieder sorgenvoll durch die langen Säle des Spitals. Von allen Seiten hörte er das Jammern der Kranken, aber kein Pfleger und Wärter war zu sehen, nichts in Ordnung. So konnte es nicht weitergehen! Da kam ihm der Gedanke: Es muß doch möglich sein, unter den vielen Angestellten einige christliche Männer zu finden, mit denen man in bewußtem Einvernehmen irgendwo anfängt, die Mißstände auszuräumen und ordentlich für die Kranken zu sorgen. Es würden dann schon mehr Helfer kommen, man würde aufschauen und merken, was alles nicht in Ordnung ist und wie man Abhilfe schaffen kann. — Kamillus glaubte an Gott und an Gottes Spur im Menschen, und damit glaubte er auch an das Gelingen.

Carl Sonnenschein hat aus seiner Großstadterfahrung geschrieben: Im Hinblick auf die Seelennot seiner Berliner helfe nur eines: die am eigenen Leib erfahrene, in eigener Seele bei eigenem Elend erlebte Güte des christlichen Glaubens in seinen Vertretern. Die werden sie begreifen! Es muß aber einer zu ihnen kommen, der ihnen den Glauben handgreiflich und überzeugt vorlebt, der sich in ihre Luft und ihren Schmutz hineinwagt!

Kamillus war ein solcher Mann und hat entsprechende Helfer gefunden. Jene Augustnacht 1582 war sozusagen die Empfängnisstunde seines Ordens.

Ein schwerer Anfang

Heute ist ein Orden, der die Betätigung der Nächstenliebe ganz allgemein oder in einem einzelnen Sachbereich zu seiner besonderen Aufgabe macht, nur *ein* Zusammenschluß neben hundert gleichen oder ähnlichen. Man besinnt sich allenthalben, daß Christus gerade zu den Armen und Kranken und zu den Randgruppen ging, und die Kirche will in dieser alternden, siechen und brüchigen Welt von heute die Liebe ihres Meisters gegenwärtigmachen.

Vor Jahrhunderten gab es zwar schon viele Orden verschiedenster Richtungen. Sie übten auch in ihrem Umkreis die Werke der christlichen Liebe: wie könnte es anders sein, wo man sich im Namen Christi zusammenschließt! Aber erst die Neuzeit brachte in rasch wachsender Zahl die Ordensgründungen mit einer ausdrücklichen Zielsetzung auf dem Gebiet der Pflege oder Erziehung. Und die ersten Gründungen dieser Art waren recht umstritten und hatten einen schweren Anfang. So auch Kamillus mit seinem Werk.
Er wußte es im voraus, aber die Schwierigkeiten schreckten ihn nicht. Zu sechst fingen sie an, in der Kapelle des Spitals jeden Morgen gemeinsam zu beten, um dann mit wahrem Feuereifer an die Arbeit in den Krankensälen zu gehen. Die Kranken und Armen merkten auf: da kamen Menschen, die einen nicht anherrschten, quälten und unversorgt im Schmutz liegen ließen, sondern jeden Wunsch

nach Kräften erfüllten, die auch ein gutes Wort und einen freundlichen Hinweis auf die kranke Seele fanden.
Die anderen Pfleger machten zunächst Front, betroffen und beschämt gegenüber den unbequemen Mitarbeitern. Oft ist es ja so: Kaum hat irgendwo etwas Rechtes angefangen, ist auch gleich die Hölle los, und die Widerstände beginnen. Das bekam auch Kamillus und seine Gruppe zu spüren. Hiervon wäre nun vieles zu erzählen, aber auch davon, wie jedes neue Hindernis überspielt und ausgeschaltet wurde. Als man der kleinen Schar aus Eifersucht die Spitalskapelle sperrte, als man ihnen ein ersatzweise eingerichtetes Versammlungs- und Gebetzimmer ausräumte und schließlich Kamillus selbst sich mit Entlassung bedroht sah, da kamen sie auf den Gedanken, sich ganz unabhängig vom Sankt-Jakobs-Spital eine selbständige Wohngemeinschaft zu schaffen und ihre Tätigkeit auch auf die anderen Spitäler auszuweiten. Als sie wegen ihrer christlich vertieften Berufsauffassung angefeindet wurden und dabei merkten, wie stark sie gerade durch ihre am Evangelium ausgerichtete Art waren, da genügte es ihnen nicht mehr, eine Laiengemeinschaft guter Krankenpfleger zu bilden, sondern sie verlangten alle darüber hinaus nach einer klösterlichen Lebensform. Und wo sie bei ihrem Einsatz in den Spitälern auf willkürliche Beschränkung und Behinderung stießen, da fiel ihr Blick auf die Elendsviertel der Vorstädte und auf die zahlreichen Notstände außerhalb der Anstalten. Besonders stark drängte sich ihnen die seelsorgliche Not auf, denn es bleibt nun einmal war: die Seele der Liebe ist die Liebe zu den Seelen.
Unter den sechs ersten, die sich um Kamillus sammelten,

war nur ein einziger Priester. So drängte man Kamillus, er möge sich doch noch um die Priesterweihe bemühen. Es wurde ihm reichlich schwer, sich mit seinen zweiunddreißig Jahren noch einmal neben Buben auf die Schulbank zu setzen und Latein zu lernen. Sie verspotteten ihn mit dem lateinischen Zuruf ,,Tarde venisti!" — ,,Du bist aber spät gekommen!". Aber er biß die Zähne zusammen, und in jedem freien Augenblick sah man ihn mit einem Buch in der Hand. — Die Ansprüche an Allgemeinbildung und Theologie für die Anwärter aufs Priesteramt waren damals recht bescheiden. So konnte Kamillus schon zu Pfingsten 1584 erstmals als Priester an den Altar treten. Einige Hindernisse, die ihm noch den Weg versperrt hatten, können hier übergangen werden.

Als einen ,,Spätkommer" hatten die Schulbuben Kamillus gehänselt. Vierunddreißig Jahre war er bei seiner Priesterweihe alt. Einer vom ,,Zweiten Bildungsweg", im kirchlichen Sprachgebrauch ein ,,Spätberufener". — Aber Umschulung, Umsteigen in einen anderen Beruf ist ja heute in unserer schnellebigen Welt an der Tagesordnung, wird oft durch Betriebsumstellung, Unfall oder Krankheit erzwungen. Unseren Bischöfen und Orden sind zielbewußte Umsteiger als Mitarbeiter hochwillkommen. Wer schon eine abgeschlossene Berufsausbildung hat, etwa als Handwerker, Facharbeiter oder Kaufmann, wer sich in einem erzieherischen oder pflegerischen Dienst bewährt hat, ob Mann oder Frau, kann in einem Orden bei gleicher oder ähnlicher Tätigkeit beglückende Lebenserfüllung finden, kann seinen Mitmenschen und dem Gottesreich vielleicht noch fruchtbarer dienen als in seiner bisherigen Stellung, die er für einen dankbaren Bewerber freimacht. Oft bedeutet der Wechsel, daß man von der Arbeit an Sachen zum unmittelbaren Dienst am lebendigen Menschen übergeht. Wie Jesus einzelne Jünger vom Fischkutter oder Zollhaus in seine Nachfolge rief und sie zu Menschenfischern schulte. — Das Umsteigen kann als große Befreiung erlebt werden. Vorher gingen die Jahre vielleicht dahin wie eine Fahrt im Bummelzug, nachher gleicht Leben und Wirken einer Reise im D-Zug: viel unbedeutender Aufenthalt wird eingespart, lohnendere Ziele werden schneller erreicht.

Im Juni war Kamillus Priester geworden; im September des gleichen Jahres kündigte er sein Amt im Sankt-Jakobs-Spital und bezog mit seinen Freunden ein kleines Haus bei der Kirche ,,Zur Kleinen Madonna von den Wundern", als deren Rektor man ihn bestellt hatte. Dieser Bau war 1529 das erste Kapuzinerkloster in Rom gewesen; gut ein halbes Jahrhundert später wurde er damit zum ersten Kamillianerkloster.
Von hier aus gingen nun Kamillus und seine Leute Tag für Tag an ihre schwere Arbeit in den Spitälern, in den Slums der Vorstädte, in den Gefängnissen, mit dem einen Willen, zu helfen, wo und wie sie konnten. Krankheit und Elend gab es überall mehr als genug.
Daß sie Außerordentliches leisteten, zeigte bald der Zustrom hochgesinnter Männer aus jungen und auch älteren Jahrgängen, die anscheinend nur darauf gewartet hatten, daß einer das Signal zur sozialen Arbeit gab. Eine solche Begeisterung herrschte in der kleinen Gemeinschaft, daß sie mittags oft nur Brot aßen, um mit Feuermachen und Kochen keine kostbare Arbeitszeit zu verlieren. Kamillus

war wenig wählerisch in der Aufnahme von Bewerbern. Er wußte: dieses harte Leben würde von selbst für eine Auslese sorgen. In der Chronik heißt es schlicht: ,,Schon in diesem Jahr sind viele gestorben, deren Heldentaten und Aufopferung nur im Himmel aufgezeichnet werden können." Der Wohnraum wird immer wieder zu eng, so daß wiederholter Umzug stattfindet, bis sie schließlich die Kirche zur heiligen Maria Magdalena mit anschließenden Gebäuden erwerben. Kirche und Mutterhaus des Ordens sind noch heute am gleichen Platz, wenngleich die ursprünglichen Bauten bald abbruchreif wurden und durch neue ersetzt werden mußten. Heute lautet die Anschrift: Piazza della Maddalena 53. Wer nach Rom kommt, sollte die in ihrer Art einmalig schöne Kirche aufsuchen und an der Grabstätte oder auch im Sterbezimmer des heiligen Kamillus betend verweilen. Vom Pantheon aus sind es vielleicht zweihundert Schritte.

Schon im April 1586 erhielt Kamillus vom Papst eine vorläufige Bestätigung seiner Gemeinschaft. Durch ein rotes Kreuz auf der schwarzen Tracht sollten sich die Mitglieder von anderen Geistlichen und Ordensleuten unterscheiden.

Die Gemeinschaft erlebte und bestand ihre Feuerprobe in dem Seuchen- und Hungerjahr 1590/91, das in Rom Zehntausende von Menschen hinwegraffte. Der todesmutige Einsatz der neuen ,,Diener der Kranken" während dieser grauenvollen Monate wirkte so überzeugend, daß der Papst die Genossenschaft zu einem eigentlichen Orden erhob. Am 8. Dezember 1591 konnte Kamillus mit fünfundzwanzig ausgewählten Mitarbeitern die feierlichen Gelübde ablegen. Den drei Gelübden über Armut, Keuschheit und Gehorsam, die allen Orden gemeinsam sind, wurde ein viertes hinzugefügt mit der Verpflichtung, allen Kranken, auch unter Gefahr für Leib und Leben, Beistand zu leisten. — Bald darauf wurde in Neapel, wo schon eine zweite Niederlassung bestand, eine weitere Gruppe von Mitgliedern zu den Gelübden zugelassen.

Heldenzeit

Von dem Schreckensjahr, in dem die Kamillus-Gemeinschaft sozusagen durchs Feuer ging und sich die endgültige Anerkennung seitens der Kirche sicherte, war schon kurz die Rede. Selbstverständlich bemühten sich in Rom gleichzeitig mit Kamillus und seinen Helfern auch die schon bestehenden Orden und viele todesmutige Männer und Frauen um Bewältigung der unbeschreiblichen Not von Seuche, Hunger und Massensterben. Eines der Opfer war zum Beispiel der heilige Aloisius, der 1591 den Pestkranken beistand und auch an der Ansteckung starb. Die freiwilligen Helfer fanden manche der Toten noch mit Gras im Munde, womit sie ihren Hunger hatten stillen wollen. Viel armes Volk hatte sich Schlupfwinkel in den Mauerresten des alten Rom als Notunterkunft eingerichtet. Um sich gegen die unerwartet hart hereingebrochene Winterkälte zu schützen, hatten sich manche im Dung der vorhandenen Stallungen eingegraben. Man fand viele so entkräftet und von Kälte erstarrt, daß man ihnen den Mund mit Werkzeugen gewaltsam öffnen mußte, um ihnen eine erste Stärkung einzuflößen.

In einem Viertel bei den Thermen Diokletians hatte die Behörde zugewanderte Samtweber angesiedelt, um diesen Erwerbszweig in Rom einzuführen. Aber die Wohn- und Versorgungslage war so schlecht, daß sich dort ein Seuchenherd erster Ordnung auftat. Oft mußten die Helfer mit Leitern durch die Fensteröffnungen einsteigen, weil von den Bewohnern keiner mehr imstande war, ihnen die Tür zu öffnen.

Kamillus und seine Leute wuchsen an ihren Aufgaben ins Riesenhafte. Im Kloster wurden täglich mehrere hundert Menschen gespeist. An verschiedenen Stellen wurden andere Suppenküchen eingerichtet. Man bettelte Lebensmittel, Kleidung und Schuhwerk zusammen. Ein Esel wurde gekauft, der zweimal jeden Tag, mit Lebensmitteln und Arzneien bepackt, die Ordensleute in die Elendsviertel begleitete. Zeitweise ließ Kamillus sich auf einer Trage mit hinausbringen, um sich an Ort und Stelle vom Stand der Dinge zu unterrichten und die Verteilung der Sachen zu leiten. Seine Beinwunde war ja oft so schlimm, daß er nicht mehr gehen konnte. Bei einer Überschwemmung des Tiber war er einmal stundenlang im kalten und schmutzigen Flußwasser mit umhergewatet, als es galt, die Kranken aus den unteren Sälen des Heilig-Geist-Spitals, wo das Wasser immer höher stieg, in die oberen Stockwerke zu schaffen.

Was in solchen Notzeiten von freiwilligen Helfern bis zur Selbstaufopferung geleistet wurde, können wir uns heute kaum noch vorstellen. Auf einer Seite der Chronik heißt es: „Die Unglücklichen waren so vernachlässigt und erschöpft, daß unsere Leute sich den Dienst ganz planmäßig aufteilen mußten. Einer nahm sie mit Zeichen herzlicher Güte in Empfang, beschnitt ihnen die Nägel und schor ihnen das Haar, ein zweiter zog ihnen die Lumpen vom Leibe, die einen furchtbaren Gestank verbreiteten und sofort verbrannt wurden; durch einen anderen wurden sie von Kopf bis Fuß gewaschen und gesäubert und mit einem Heilbad erfrischt. Dann erst konnte man daran denken, sie in ein Bett zu legen. — Tag und Nacht hatten einige unserer Leute allein damit zu tun, den Dahinsterbenden im Tode beizustehen und herumstreunende Tiere von den Leichen fernzuhalten."

Das vierte Gelübde des Ordens, den Kranken auch unter Gefahr für Leib und Leben beizustehen, war damals keine Redensart, sondern eine bitterernste Sache. Bei einer Seuche in Neapel starben zwei Drittel der dort eingesetzten Ordensmitglieder. In Rom starben von acht im Seuchenlazarett Arbeitenden fünf. Die Überlebenden konnten lange Zeit hindurch kaum noch Speise anrühren oder überhaupt sehen, ,,so eklig und voll Ungeziefer war alles unter diesen Kranken gewesen". Kamillus selbst schwebte, durch die übermenschlichen Anstrengungen geschwächt, einige Zeit in unmittelbarer Lebensgefahr. In Nola starb bei einer Seuche im Jahre 1600 der größte Teil der dorthin geschickten Ordensleute. Andere, die Kamillus als Pflegekräfte für Truppenteile in den Türkenkriegen zur Verfügung gestellt hatte, fanden ihr Grab irgendwo in Ungarn an der Donau.

Nicht jeder ist zu Heldentum und Heldentod berufen. Aber ein arabisches Sprichwort sagt: ,,Kannst du kein Stern am Himmel sein, so sei eine Lampe im dunklen Haus!"

Gott schaut gern auf die kleine, stille Tat. Die ,,Arbeit im Dreck" wird großenteils von den Stillen im Lande geleistet. Gott allein kennt ihre Namen und ihren Lohn. Er allein weiß auch, ob jewels der Leidende oder der Helfende höher steht. Gerühmt und mitunter heiliggesprochen werden durchweg die Helfer, die Tätigen. Ob aber nicht vielfach die namenlos Leidenden und Sterbenden das größere Heldentum verwirklicht haben? Das Urteil steht beim Allwissenden.

In seinem Element

Seit Jahrhunderten sind viele Heilige aufgrund ihrer Eigenart zu Schutzheiligen bestimmter Menschengruppen oder Berufe gewählt, später auch von der Kirche amtlich ,,ernannt" worden. So wurde Kamillus (zusammen mit dem heiligen Johannes von Gott) Schirmherr der Kranken und der Krankenhäuser — er war ja selber ein vielfach kranker Mann — und der Pflegekräfte: er hat auch als Priester noch mit Vorliebe die gröbsten und schmutzigsten Arbeiten im Pflegedienst übernommen. Zwar fand ihn jede Art von Not hilfsbereit zur Stelle. Aber seine tiefste Liebe galt immer den Kranken, ob sie nun in langen Reihen in einem Saal der Spitäler lagen oder hilflos in der Elendswohnung einer Vorstadt oder entkräftet am Straßenrand.

Der ,,hinkende lange Pater" konnte merkwürdig schnell ausschreiten, wenn er vom Kloster zum Spital unterwegs war, so daß er dann wohl zu einem begleitenden Mitbruder sagte: ,,Mein lieber Bruder, was haben Sie einen Schneckenschritt!" Wenn aus den Missionen Nachrichten über die Erfolge der Jesuiten eintrafen und eine Stimmung für die Reise nach Indien aufkam, wies Kamillus auf die Krankensäle hin: ,,Das ist unser Indien."

In den damaligen Spitälern waren die Luftverhältnisse und Gerüche oft so übel, daß man kaum ohne starke Selbstüberwindung dort weilen und arbeiten konnte und viele schwächere Naturen es auf die Dauer nicht aushielten. Bei Kamillus hingegen war das natürliche Empfinden

durch die übernatürliche Liebe so beherrscht und veredelt, daß die Luft in den Spitälern ihm geradezu erquickenden Wohlgeruch bedeutete. Litt er einmal zu Hause unter Unwohlsein und heftigen Kopfschmerzen, so brauchte er nur ins Spital zu gehen und sich den Kranken zu widmen, um sich alsbald völlig erfrischt und neu gekräftigt zu fühlen. Fiel in seiner Gegenwart das Wort von dem „Gestank in den Spitälern", so war er fast beleidigt und ließ es nicht unwidersprochen. In einem seiner Briefe liest man: „Wie sollte ich mich an den Stätten, wo man anderen helfen kann, nicht wohl fühlen? Im Spital bin ich im irdischen Paradies und habe da zugleich die sichere Bürgschaft, das himmlische zu erlangen. Wollte Gott, daß ich mitten unter diesen Armen sterben könnte! Ein guter Soldat stirbt auf dem Kampfplatz, ein guter Matrose auf See und ein guter Krankendiener im Spitaldienst."
Solche Liebe schöpfte der Heilige aus einem tiefen Verständnis des Wortes Christi: „Ich war krank, und ihr habt mich besucht; denn was ihr einem meiner geringsten Brüder getan habt, das habt ihr mir getan" (Mt 25, 36—40). Die Kranken waren für Kamillus so etwas wie ein achtes Sakrament, eine besondere Gegenwartsweise des Herrn. Kam er in ein Spital, so hielt er zuerst in der dortigen Kapelle eine kurze Anbetung vor Christus im Sakrament des Altares, wie er es auch auf seinen Reisen hielt, wenn der Weg eine Kirche oder Kapelle berührte. Ging er dann vom Tabernakel zu den Kranken, so war dies für ihn weniger eine Unterbrechung als eine Fortsetzung der Andacht vor Christus im leidenden Menschen.
Die gläubige Überzeugung, in den Kranken Jesus selbst zu bedienen, war bei Kamillus so lebendig, daß er man-

chen Dienst am Krankenbett kniend versah. Dabei mag freilich auch mitgespielt haben, daß dieses Niederknien ihm zuweilen etwas Erleichterung brachte und vor dem Zusammenbrechen schützte. Bei seiner Körpergröße und mit seinem wunden Bein mußte ihm ja das stundenlange Stehen in vorgebeugter Haltung entsetzlich schwer fallen. Aus der inneren Glut von Anbetung und Liebe zu Christus geriet er aber mitunter auch für eine kurze Zeit in eine Art Verzückung. Man merkte es daran, daß er etwa beim Essengeben den Mund des Kranken nicht mehr fand oder den Pflegling unfreiwillig warten ließ, wenn er vor einem Bett stand. Bat ein Kranker ihn um einen Dienst, sagte er wohl: „Gott verzeihe dir und mir, daß du meinst, mich bitten zu müssen. Weißt du denn nicht, daß ich dein Diener bin und du mir befehlen kannst?"

Bei Kamillus bestand keine Gefahr, daß seine Pfleglinge solche gelegentlichen Äußerungen als fromme Verstiegenheiten oder schöne Redensarten abgetan hätten. Kranke sind ja vielfach empfindlich und können sehr ärgerlich werden, wenn ihnen einer mit frommen Sprüchen kommt, zumal wenn sie gleichzeitig Grund sehen, sich über mangelnde Aufmerksamkeit in Pflege und Wartung zu beklagen. Frömmelei taugt zu nichts und taugt am allerwenigsten als Ersatz für helfendes Zugreifen. Kamillus war gewiß mit ganzem Herzen Priester und Seelsorger, aber er war zunächst einmal ein äußerst aufmerksamer und tatkräftig zugreifender Leibsorger. Für jeden Kranken hatte er einen geeigneten und oft ins Schwarze treffenden Hinweis auf Gott und auf das Heil der Seele, aber immer so, daß er im Bereich der körperlichen Pflege nichts übersah oder versäumte. Ihm eignete ein wacher

Blick für jedes menschliche Elend, ganz besonders für die Schmerzen, Sorgen und Bedürfnisse der Kranken. Sein feiner Spürsinn ließ ihn immer wieder neue Möglichkeiten finden, wie man einer Not abhelfen, einem Übelstand begegnen, eine Klage stillen konnte. Zahllose große und kleine Verbesserungen in bezug auf Sauberkeit der Räume und der Betten, auf Versorgung und Pflege der Kranken hat er angeregt und durchgeführt, oft gegen den Strom zeitbedingter Vorurteile oder menschlicher Unachtsamkeit und Trägheit.

Im Jahre 1607 durfte Kamillus endlich, wie er es lange gewünscht hatte, sein Amt als Oberer des gesamten Ordens niederlegen. Sofort zog er sich nach Neapel in das dortige große Spital zurück. Nachdem er dann noch in Mailand und Genua gearbeitet hatte, kam er zu Allerheiligen 1609 nach Rom zurück und quartierte sich endgültig im Heilig-Geist-Spital ein. Sein Tagesplan war nun folgender: Vier bis fünf Stunden Nachtschlaf genügten ihm. In der Nacht auf Freitag und Samstag ruhte er noch weniger und ohne sich auszukleiden. Dann erhob er sich zu einem ersten Rundgang durch die nächtlichen Säle des großen Hauses, um überall nachzusehen und zu helfen. Er gestand selbst, daß ihn gerade beim Aufstehen seine Beinwunde entsetzlich quälte und eine Art Wundkrampf verursachte. Darin sah er aber „eine List des Teufels, um ihn an der Betätigung der Nächstenliebe zu hindern". Gegen Morgengrauen zog er sich für zwei bis drei Stunden zurück, um der Betrachtung und dem Gebet vor Gott zu obliegen und die heilige Messe zu feiern. Darauf gehörte er wieder ganz den Kranken. Besonders, wenn die Arzneien verteilt wurden, wollte er dabei sein, um denen Mut zu machen, die sich aus Ekel oder Widerwillen sträubten. (Was für „Arzneimittel" mögen das damals mitunter gewesen sein!)

Wer selbst kaum krank war, wer niemals Krankenpflege in Anspruch zu nehmen oder zu leisten brauchte, wird sich schwerlich vorstellen können, was Kamillus so Tag für Tag und Jahr für Jahr getan hat. Ein Ordensmann, der ihn beobachtete, drückte seine Bewunderung folgendermaßen in einem Brief aus: „Wer den Pater nicht kannte, würde nicht geglaubt haben, er sei hereingekommen, um allen Kranken ohne Unterschied in gleicher Weise zu dienen, sondern er sei nur für den einen da, als wenn er eben an nichts anderes auf der Welt zu denken hätte als nur an den einen."

Die Urkunde zu seiner Heiligsprechung faßte die Beobachtungen und Aussagen der Zeitgenossen so zusammen: „In Kamillus fanden die Kranken alles, was die Menschen sonst wohl von Freunden, Verwandten und Eltern zu erwarten pflegen. Nicht einmal die Sorge der liebreichsten Mutter um ihren einzigen kranken Sohn übertrifft die Sorge, die Kamillus allen einzelnen Kranken widmete. Er kam ihren Wünschen zuvor, tröstete sie, suchte es ihnen bequem zu machen, hielt sie sauber und sorgte besonders für die Reinigung der Seele und den rechten Empfang der Sakramente. Ganz besonders achtete er auf jene, die von anderen aus Furcht vor Ansteckung oder aus Ekel und Schauder vor der Krankheit gemieden wurden. Ohne Scheu und Widerstreben umarmte er sie, zog sie an sich, um sie zu wärmen, und bedeckte sie mit seinen Kleidern. Dort im Spital ließ er oft auf mühevolle Nächte noch mühevollere Tage folgen. Dabei waren die

Beschwerden, die ihm sein schwärendes Bein und sein schlimmes Bruchleiden verursachten, für ihn kein Hindernis. An Essen, Schlaf und Ruhe dachte er nicht, so daß er mehr als einmal infolge äußerster Entkräftung das Bewußtsein verlor und halbtot zu Boden fiel."

Zeichen und Wunder

Von fast allen Heiligen werden Wunder berichtet. In manchen, namentlich älteren Darstellungen, nehmen solche Wundererzählungen einen breiten Raum ein. Auch aus dem Leben des heiligen Kamillus sind wunderbare Vorkommnisse überliefert: wie in der schwierigen Gründungszeit des Ordens das von Kamillus hochverehrte Bildnis des Gekreuzigten vor dem nächtlich Betenden auf einmal lebendig wurde, die Arme vom Holz löste und ihm in seiner Verzagtheit ermutigend zusprach. Wie er als Seelsorger Herzensgeheimnisse und Gewissenszustand seiner Kranken durchschaute und aus solcher Kenntnis manchen Verirrten wieder zu Gott führte. Wie er künftige oder weit entfernte Ereignisse zutreffend ankündigte. Wie er auf seinen vielen Reisen nicht nur gefährliche Stürze überstand, sondern auch auf unerklärbare Weise aus tödlichen Gefahren errettet wurde. Wie ihm in ausweglöser Notlage plötzlich die erforderlichen Lebensmittel oder Gelder verfügbar waren. Wie schwerkranke Menschen unter seinen Händen unversehens Heilung fanden.

Wenn wir hier davon absehen, solche Dinge ausführlich zu erzählen, so liegt es uns doch fern, Wahrheit und Wert der Wunder gering einzustufen. Da der auferstandene Herr die Jünger als seine Boten in die Welt sandte, hat er den Glaubenden zugesagt: ,,In meinem Namen werden sie Dämonen austreiben; sie werden in neuen Sprachen reden; wenn sie Schlangen anfassen oder tödliches Gift trinken, wird es ihnen nicht schaden; und die Kranken, denen sie die Hände auflegen, werden gesund werden" (Mk 16, 17—18). Zur Jungfrau Maria sagte Gottes Bote: „Für Gott ist nichts unmöglich." Dabei wies er sie auf die Wirkmacht des Heiligen Geistes und die überschattende „Kraft des Allerhöchsten" hin.

Wenn es so ist, daß Gott mit seiner Schöpfermacht jedes Wesen im Dasein hält und durchwaltet, sollte er dann nicht die von ihm gestifteten Kräfte der Natur so steuern können, daß sie auch zu Wirkungen kommen, die für herkömmliche Erklärungen unzugänglich bleiben? Und wenn ein glaubender Mensch sich in stundenlangem Gebet dem Einströmen göttlicher Kraft öffnet und sich dann wieder im selbstlosen Dienst an den Menschen verausgabt: sollte ihm nicht vieles möglich werden, was einem oberflächlich Dahinlebenden versagt ist? Und sollte sich nicht an manchen Wallfahrtsorten, wo schon Millionen gläubiger Menschen geopfert und gebetet haben, so etwas wie eine geballte Segenswolke bilden und aufladen, aus der gelegentlich immer wieder der Blitz eines Wunders aufzuckt, mag es nun ein Geschehen körperlicher Heilung oder geistiger Umwandlung sein?

Jesus selbst hat es freilich immer abgelehnt, Schauwunder zu wirken, wie menschliche Neugier oder getarnter Unglaube sie von ihm forderten. Was er zur Heilung und zum Heil schwergeprüfter Menschen vollbrachte, das wollte er als Zeichen des anbrechenden Gottesreiches verstanden wissen. Wahrscheinlich könnten auch in unseren „aufgeklärten" Tagen die Wunder häufiger sein, wenn die Bekenner Jesu noch rückhaltloser glauben, noch glutvoller beten, noch tapferer kämpfen, noch geduldiger leiden, noch hingebender den Menschen dienen würden.

Doch übersehen wir nicht: ragt solches Glauben, Beten, Kämpfen, Leiden und Dienen, schon allein für sich genommen, nicht oft genug in den Bereich des Wunderbaren hinein? Menschliche Kraft auf sich gestellt würde versagen, wenn nicht „die Kraft des Allerhöchsten" sich in der menschlichen Schwachheit auswirkte.

Reliquien der Heiligen, das heißt Überreste von ihren Gebeinen oder Gebrauchsgegenständen, wurden in der katholischen Kirche immer verehrt, zeitweise vielleicht in übertriebenem Maße. Oft waren sie sozusagen Mittel oder Werkzeuge wunderbarer Wirkungen. Ähnliches gilt von den kleinen, aus rotem Tuch geschnittenen Kreuzen, die an den heiligen Kamillus und seine Ordenstracht erinnern und von den Kamillianern mit einer besonderen Segnung für die Kranken geweiht werden. Ausgeschlossen bleiben sollte dabei jedes abergläubische Zutrauen, das solche Andachtsgegenstände (wie auch Medaillen, Skapuliere, „Agnus Dei" und dergleichen) als eine Art Talisman betrachtet und so etwas wie zauberische Schutzwirkung davon erwartet. Wer aber solche Dinge ehrerbietig als Erinnerungszeichen nimmt und sich dadurch immer wieder zu vertrauensvollem Gebet anregen läßt, der mag wohl auch die Fürbitte der Heiligen und „die Kraft des Allerhöchsten" dankbar an sich erfahren.

Bußgeist und Heilssorge

Es gibt Heiligengestalten, Frauen wie Männer, von denen der Zauber eines frohen, sonnigen Gemütes ausstrahlt. Kamillus wirkt eher ernst, herb, streng. Von den Weisungen des Apostels Paulus, die im Philipperbrief nahe beieinander stehen: ,,Müht euch mit Furcht und Zittern um euer Heil!" und: ,,Freut euch im Herrn zu jeder Zeit, ich wiederhole es, freut euch!", scheint die erste Mahnung ihn stärker zu prägen, ohne daß man ihn deswegen finster und freudlos nennen könnte. Jedenfalls hat er in außergewöhnlichem Maße verstanden und verwirklicht, was der Apostel in einem Atemzug mit seinem Aufruf zur Freude wünscht: ,,Eure Güte werde allen Menschen bekannt!"

So zart das Herz und die Hände des ehemaligen Soldaten gegenüber allen Leidenden waren, so hart ging Kamillus mit sich selber ins Geschirr. Schon als junger Kapuzinerbruder nahm er strenges Fasten auf sich, und auch später gönnte er seinem Körper nur oder kaum das Notwendigste an Nahrung und Schlaf. Dem Gedanken der Buße gab er Ausdruck in der ersten Regel, die er für seinen Orden schrieb: als Beweggrund für das Leben unter den Ordensgelübden und im Dienst an den Kranken nennt er neben der Liebe zu Gott die Sühne für die eigenen Sünden.

Aus dem Drang, seine verfehlte Jugend zu sühnen, nahm er bis ins Alter immer wieder die Mühsal des körperlichen Krankendienstes auf sich, unterzog sich den Anstrengungen und Gefahren weiter Reisen zu Schiff und zu Pferde, ertrug die Schmerzen und Behinderungen seiner körperlichen Gebrechen, die er die fünf Erbarmungen Gottes nannte. Dazu kamen leidvolle Erfahrungen mit kirchlichen und weltlichen Behörden bei der Gründung neuer Niederlassungen des rasch wachsenden Ordens, aber auch Spannungen und Richtungskämpfe im Orden selbst, die bis zur Zerreißprobe gingen.

Die Mahnung des Apostels, unser Heil mit Furcht und Zittern zu wirken, hat Kamillus, so möchte man sagen, nicht nur ernst, sondern bitterernst genommen. Nichts fürchtete er so wie die Sünde und den Teufel. Wo ihm Sünde begegnete, etwa in der Gestalt von Gotteslästerung und Fluchen, Mißachtung der Feiertagsruhe oder Versäumnis des Gottesdienstes, Grausamkeit oder geschlechtlicher Zuchtlosigkeit, da trieb ihn heiliger Zorn zum leidenschaftlichen Widerstand und Einschreiten. So auch, wenn er Ordnung und Regeltreue im eigenen Orden gefährdet sah. Da konnte er vor versammelter Gemeinschaft das Regelbuch auf den Boden schmettern und mit dem Fuß darauf stampfen und ausrufen: „Was nützt die Regel, wenn sie nicht gehalten wird!" Wegen einer Übertretung, die wir heute wohl nachsichtiger einstufen würden, schloß er einmal auf einen Schlag zehn seiner Leute vom Orden aus.

Daß er allenthalben den Einfluß des Teufels vermutete und Abwehrstellung dagegen bezog, darin war er eben ein Kind seiner Zeit. Diese Denkweise wirkte ja noch Jahrhunderte hindurch weiter und hat erst allmählich von ihrem Überdruck verloren. Wenn Kamillus aus solcher Einstellung das ewige Heil des Menschen ganz besonders in der Sterbestunde durch die Angriffe der bösen Geister bedroht sah, so möchten wir heute die Begleitung eines

Mitmenschen auf seiner letzten Wegstrecke, das betende Verweilen beim Sterbenden, lichtvoller sehen und begründen.

Man kann den Eindruck haben, daß die Heilssorge für sich und für die Mitmenschen bei Kamillus zuweilen in Heilsangst ausartete. So in seiner äußersten Zurückhaltung gegenüber Frauen, im Gebrauch einer Waage zwecks genauer Einhaltung der kirchlichen Fastenvorschriften, in ängstlicher Genauigkeit hinsichtlich des priesterlichen Stundengebetes und anderen Verhaltensweisen, die uns heute kleinlich oder übertrieben vorkommen. Ob es uns aber ansteht, darüber erhaben zu lächeln? Ob wir als Kinder unserer Zeit die Heilssorge für uns und andere nicht wieder ernster nehmen müßten? Gegen ein dummdreistes Liedchen ,,Wir kommen alle, alle, alle in den Himmel, weil wir so brav sind" hätte Kamillus als echter Seelsorger leidenschaftlich aufbegehrt, und wohl mit Recht.

Ältere Lebensbeschreibungen der Heiligen haben vielfach auch deren Einseitigkeiten, Übertreibungen oder Mißgriffe noch als Äußerungen großer Tugend dargestellt. Wir sind heute der Wirklichkeit wohl näher, wenn wir feststellen: die Heiligen waren auch Menschen mit Grenzen und Fehlern. Wenn ein Sprichwort sagt, daß ein großer Mann einen großen Schatten wirft, so sollten uns die kleinen Schatten im Bild der Heiligen wahrlich nicht stören, sondern eher ermutigen.

,,Ein großer Mann wirft einen großen Schatten": das Wort erinnert übrigens an eine kleine Begebenheit, die Kamillus ganz groß in seiner menschlichen Aufmerksamkeit und Güte zeigt. Er war ja ein baumlanger Mensch, und als er einmal bei glühender Sommerhitze mit einem kleiner geratenen Bruder zum Spital ging, ermutigte er ihn: „Lieber Bruder, halte dich nur ganz dicht an meiner Seite, dann hast du etwas Schutz vor der Sonne!" Solches Mitgefühl schloß auch die Tierwelt noch ein. Eines Tages brachte er einen an der Pfote verletzten Hund mit nach Hause und empfahl ihn der Pflege des Pförtners mit dem Bemerken: „Ich habe selbst ein wundes Bein und weiß, was es heißt, wenn man nicht richtig laufen kann!"

Nothelfer in der Heimat

Im April 1612 kam Kamillus noch einmal in seine Vaterstadt Bucchianico, wo gerade eine kleine Niederlassung seines Ordens im Entstehen war. Man hatte ihn zu Hilfe gerufen, weil eine Hungersnot viele Opfere forderte. Manche der ärmeren Einwohner hatten schon lange keinen Bissen Brot mehr bekommen und suchten mit eingesammeltem Grünzeug ihr Leben zu fristen.
Kamillus schaffte sich schnell einen Überblick über das Ausmaß der Not und die Möglichkeiten zur Hilfe. Er stellte fest, daß es noch einige Vorräte an Hülsenfrüchten, Nüssen und gedörrten Feigen gab. Alles mußte zur Verfügung gestellt, sorgsam eingeteilt und als erste Hilfe an die Allerärmsten ausgegeben werden. Aber das reichte nur für ganz kurze Zeit. Kamillus rief den Gemeinderat zusammen, der sich noch zu keinen Maßnahmen gegen die Not aufgerafft hatte. Er redete den Verantwortlichen ins Gewissen und setzte eine sofortige Geldsammlung durch. Dabei kam zwar ein ansehnlicher Betrag zusammen, der aber für den tatsächlichen Bedarf bei weitem nicht reichte. Viel mehr war in dem armen Landstädtchen wohl auch nicht zu holen.

So machte Kamillus sich auf den Weg zu den kirchlichen und weltlichen Behörden in der Bischofsstadt Chieti. Dank seinem Ansehen und inständigen Bitten kam man ihm recht großzügig entgegen. In gehobener Stimmung trat er sofort, ohne die dargebotene Mahlzeit anzunehmen, den Rückweg an. Er geriet aber in einen Wolkenbruch, und als er in Bucchianico anlangte, schüttelte ihn schweres Fieber, bei seinem Alter und entkräfteten Zustand kein Wunder. Doch ohne Zeitverlust ließ er acht vertrauenswürdige Männer des Ortes an sein Krankenlager rufen und besprach mit ihnen die Verwendung der zusammengebrachten Gelder. Es gelang tatsächlich, eine größere Menge Getreide zu beschaffen, und ein zuverlässiger Bäcker erhielt den Auftrag, davon jeden Tag eine festgesetzte Menge Brot zu liefern. Um eine gerechte Verteilung sicherzustellen, wurde eine Art Marken oder Gutscheine hergestellt und an die mittellosen Familien, entsprechend der Personenzahl, ausgegeben. Wenn diese Brotzuteilung auch nicht zur Sättigung reichte, so bedeutete sie für die ausgehungerten Leute und namentlich für die Kinder doch eine spürbare Ergänzung zu ihrem kümmerlichen Essen und half ihnen, die schlimmsten Wochen bis zur Ernte der frühen Bohnen und anderer Früchte zu überstehen.

Als Kamillus sich von seiner Erkrankung etwas erholt hatte und in den ersten Julitagen zur Abreise rüstete, sagte er bei einem Gottesdienst in der Kirche vor versammeltem Volk: ,,Dies ist nun meine letzte Predigt hier am Ort, und ihr werdet mich nicht mehr sehen, denn ich bin alt und gehe nach Rom, um dort zu sterben." Am Morgen seiner Abreise grüßte er nochmals die zum Abschied herbeigeeilten Leute, segnete sie und rief ihnen, schon im Sattel sitzend, zu: ,,Meine Vaterstadt, behalte im Gedächtnis, was ich dich lehren wollte, denn wir werden uns nicht mehr sehen!"

Leuchtender Abend

Kamillus kehrte sehr geschwächt nach Neapel zurück, von wo er die Reise nach Bucchianico angetreten hatte. Er traf dort noch seinen ersten Nachfolger im Amt des Generaloberen, Pater Blasius de Opertis, mitsamt den Beiräten. Der Protektor des Ordens, Kardinal Ginnasi, hatte der Ordensleitung den Vorschlag gemacht, Kamillus mit wenigen Begleitern nach Spanien zu schicken, um auch dort eine Gründung zu versuchen. Aber der Generalrat ließ den Kardinal mit Schreiben vom 31. August 1612 wissen, daß man dem Plan die Zustimmung versagen müsse. Pater Kamillus sei alt und sehr krank und habe den Sommer hindurch wegen seiner sehr schlimmen Beinwunde behandelt werden müssen; überdies werde er noch für dringlichere Ordensaufgaben benötigt. Der Kardinal nahm daraufhin von seinem Vorhaben Abstand. Im Oktober kehrte Kamillus nach Rom zurück. Kurz und herzlich begrüßte er die Brüder, und dann führte sein erster Weg unverzüglich zum geliebten Heilig-Geist-Spital.
Im April des folgenden Jahres stellte Pater de Opertis sein Amt zur Verfügung. Zu seinem Nachfolger wurde Pater Antonio Nigli gewählt. Der neue General wünschte auf seine erste amtliche Besuchsreise zu den Niederlassungen des Ordens Kamillus als Begleiter mitzunehmen. Kamillus, der sein Lebensende herannahen fühlte, hatte wegen seiner sehr fortgeschrittenen Entkräftung ernste Bedenken. Aber die frohe Erwartung, auf dieser Rundreise den größten Teil der Ordensmitglieder noch einmal sehen zu

können, ließ ihn auf den Vorschlag eingehen. Zu den Klöstern in Viterbo und Florenz ließ er indes den General mit seinen Beiräten allein reisen. Er selbst wählte als erstes Ziel Loreto, um dort bei dem geliebten Heiligtum der Gottesmutter ein letztes Mal drei Tage der Ruhe und Andacht zu verbringen. Mitte Mai traf er sich dann, wie verabredet, mit Pater Nigli und seinem Beirat in Bologna. Von dort ging die gemeinsame Reise nach jeweils einigen Tagen Aufenthalt weiter zu den Niederlassungen in Ferrara, Mantua und Mailand.

Bei der Ankunft in Mailand fand sich Kamillus aber so schwach, daß er den General bat, auf seine weitere Begleitung zu verzichten. Man stellte es ihm bereitwillig anheim, vorläufig in Mailand oder Genua zu bleiben, bis er sich für die Rückreise nach Rom stark genug fühle. Die Ordensgemeinde in Mailand hätte den Gründer am liebsten ganz bei sich behalten, aber Kamillus wollte nur eben eine Woche dort weilen und begab sich dann nach Genua. Hier blieb er bis in den Oktober hinein. Mit seinen Kräften ging es langsam, aber unaufhaltsam bergab. Über seine langjährigen sonstigen Gebrechen hinaus war er, so können wir heute aus den mitgeteilten Einzelheiten schließen, von Magenkrebs befallen. Sobald es ihm an einzelnen Tagen besser ging, benutzte er sie zu Krankenbesuchen in den Spitälern und in der Stadt. Dabei zielte er aber dauernd auf die Rückreise nach Rom, denn es sei der Wille Gottes, daß er dort den Tod erwarte. Doch man traute ihm die lange und beschwerliche Reise auf dem Landweg nicht mehr zu. Die allgemeine Verehrung und Dankbarkeit, die man Kamillus entgegenbrachte, fand einen willkommenen Ausdruck darin, daß der Herzog Doria eigens eine Galeere mit allen Bequemlichkeiten für ihn bereitstellen ließ, um ihn nach dem römischen Hafen Civitavecchia zu bringen. Dort erwartete ihn ein Reisewagen, mit dem er am 13. Oktober bei Sonnenuntergang im römischen Mutterhaus ankam. Beim Überschreiten der Schwelle drängte sich ihm das Psalmwort auf die Lippen: ,,Dies ist für immer der Ort meiner Ruhe; hier will ich wohnen, ich hab' ihn erkoren" (Ps 132, 14). Und sofort fügte er hinzu: ,,Gelobt sei Gott, der mir die Gnade erwiesen hat, Rom zu erreichen und in dieser Stadt meine Gebeine zu lassen!" Nach einem Gebet vor dem Tabernakel und vor dem geliebten Kreuzbild, dem nach seinen Worten die Gründung des Ordens zu verdanken war, begrüßte er die Mitbrüder in der Krankenabteilung des Hauses und begab sich dann zur Ruhe.

Trotz liebevoller Pflege seitens der Brüder gingen seine Kräfte in den folgenden Monaten immer weiter zurück, da er nur noch ganz wenig an Nahrung aufnehmen und bei sich behalten konnte. Mit seinen Gedanken war er ständig bei den Kranken im Spital und freute sich ganz besonders, wenn die Brüder bei ihrer Rückkehr vom Zustand der Kranken und von den geleisteten Diensten berichteten.

Sein Verlangen, noch einmal das Heilig-Geist-Spital zu besuchen, wurde immer drängender. So entschloß man sich eines schönen Tages, da er sich gerade etwas kräftiger fühlte, einen Wagen ,,für eine Ausfahrt an die frische Luft" zu bestellen. Aber Kamillus ließ den Wagen gleich auf dem kürzesten Wege zum Heilig-Geist-Spital lenken, stieg mit großer Mühe aus und begrüßte die sofort herbeieilenden Ärzte und Pfleger. Dann durchwanderte er langsam, auf seine Begleiter gestützt, die langen Bettenreihen und hatte für jeden Kranken ein gutes Wort. Endlich riß er sich vom Spital los und schloß noch einen Besuch in der Peterskirche an, wo er lange an der Confessio betete und seinen Orden der Fürsprache der Apostel Petrus und Paulus empfahl.

Einige Tage später drängte er noch einmal auf einen Besuch im Spital, und zwar wollte er den langen Weg sogar zu Fuß machen. Gestützt auf seine Begleiter, schaffte er es tatsächlich und verweilte noch einmal lange bei seinen geliebten Kranken, denen er eigenhändig noch einige Pflegedienste erwies. Beim Abschied sagte er: ,,Gott weiß, meine lieben Brüder, wie gern ich immer bei euch bleiben möchte, aber da mir dies nicht vergönnt ist, bleibe ich wenigstens mit dem Herzen hier." — Dies war sein letzter Besuch an der Stätte, wo er seit dreißig Jahren am liebsten gearbeitet hatte. Auf dem Rückweg versagten seine Kräfte, und man mußte sich nach einem Wagen umsehen, der ihn ins Kloster zurückbrachte.

Obwohl er kaum mit einem nochmaligen Besuch im Spital rechnen konnte, wollte er doch den Schlüssel des Zimmerchens, das ihm dort zur Verfügung stand, nicht zurückgeben, sondern bis zuletzt bei sich behalten. Er sprach es selber aus, daß er darin so etwas wie einen Himmelsschlüssel sah, mit dem seine teuren Kranken ihm die Tür zu den ewigen Wohnungen öffnen würden. War Kamillus bis dahin ein Vorbild der Krankenpfleger gewesen, so wurde er nunmehr vollends, was er freilich auch schon lange war, ein Vorbild für die Kranken selbst:

in seiner klaglosen Geduld, seiner Anspruchslosigkeit, seinem Gebetsgeist und auch im Gebrauch der ihm noch verbleibenden Zeit und Kraft.

Die Krankenabteilung des Hauses war ein großes Zimmer mit mehreren Betten und einem Altar, an dem täglich die heilige Messe gefeiert wurde. Kamillus schleppte sich, solange er noch konnte, von seinem nahegelegenen Zimmer dorthin, um an der heiligen Messe teilzunehmen. Als er schließlich vor Entkräftung die wenigen Schritte nicht mehr schaffte, bat er um Verlegung in das gemeinsame Krankenzimmer. Das war zu Pfingsten 1614, ungefähr zwei Monate vor seinem Tod.

In den letzten Wochen seines Krankenlagers diktierte und unterschrieb Kamillus noch einige Briefe an verschiedene Mitglieder des Ordens. Große Sorgfalt verwandte er auf die Abfassung eines geistlichen Testamentes, worin er eingehend darlegte, wie er den Orden sah und wie er dessen Aufgaben, Gelübde, Satzungen, Lebensweise und Dienste verstanden und bewahrt wissen wollte. Von dieser Urkunde ließ er für jede der bis dahin gegründeten Niederlassungen eine Abschrift fertigen, die er eigenhändig unterschrieb. Die für das Archiv des Ordens in Rom bestimmte Ausfertigung ist vom 10. Juli 1614 datiert.

Ein heiliges Sterben

Ungezählten Menschen hatte Kamillus im Sterben beigestanden. Nun wußte er seine eigene Todesstunde nahe. Es war ihm eine bedrängende Sorge, den Abschied aus der Zeitlichkeit gut zu bestehen. Wir sahen schon, wie seine Heilssorge an Heilsangst grenzte. Immer wieder klagte er sich seiner Jugendsünden an; was er seither an Gutem gewirkt und an Lasten getragen hatte, schien ihm so gering und mangelhaft, daß es nicht ins Gewicht fiel. Grund zur Hoffnung fand er allein in Gottes Barmherzigkeit, im Kreuzestod Jesu, in der Fürsprache seiner Mutter Maria, der Engel und Heiligen. Seine Mitbrüder im Orden und jeden einzelnen Besucher bat er inständig um Gebetshilfe.

Um den Grund seiner Hoffnung recht anschaulich und dauernd vor Augen zu haben, bat er den Hausoberen, Pater Mancini, der auch sein Beichtvater war, ihm nach seinen Angaben ein Bild malen zu lassen. Vermutlich hatte er ein Gemälde dieser Art schon irgendwo gesehen und darin sein eigenes Denken, Beten und Hoffen dargestellt gefunden. Die Kunstgeschichte kennt diese Bilder als „Gnadenstuhl": Gott Vater hält thronend das Kreuz mit dem Sohn daran vor sich, darüber schwebt die Taube des Heiligen Geistes; Engel fangen in Kelchen das aus den Wunden Jesu strömende Blut auf und bieten es dem Vater dar; am Fuß des Kreuzes steht zur Rechten die Mutter des Erlösers mit bittend erhobenen Händen und gegenüber zur Linken der Erzengel Michael, der mit seinem Speer den Teufel in Gestalt einer Schlange niederstößt. — Als

Kamillus dem Pater Mancini dieses Bild beschrieb, sprach er dazu noch den Wunsch aus, der Maler möge doch das Blut des Heilandes recht kräftig hervorheben, damit er durch den Anblick um so mehr in der Hoffnung auf das ewige Heil bestärkt werde. Welch eine kindliche Frömmigkeit bei diesem alten Kämpfer!

Pater Mancini gab das Bild sofort in Auftrag, und Kamillus war tief beglückt und dankbar, als man es ihm brachte und so bei seinem Bett aufstellte, daß er es ständig anschauen und auch mit den Händen erreichen konnte. Wenn er allein war oder sich allein glaubte, hielt er lange betende Zwiesprache mit den dargestellten Personen.

Das Sterben des Christen bedeutet letzte Vereinigung mit dem erlösenden Tod des Herrn. Kamillus hat das tief begriffen und auf seine ganz persönliche Art dargestellt. Was in dem Bild vom Gnadenstuhl anschaulich wird, das vollzieht sich verhüllt im eucharistischen Opfer und in der Kommunion.

Als Kamillus den Wunsch äußerte, die heilige Kommunion als Wegzehr zu empfangen, verständigte man den Kardinal-Protektor Ginnasi. Dieser wollte gern persönlich der Spender sein. Er kam am 2. Juli, dem Fest Mariä Heimsuchung, feierte an dem Altar im Krankenzimmer die heilige Messe und reichte Kamillus den Leib des Herrn als Speise für den letzten Weg.

Acht Tage später, am 10. Juli, bat Kamillus um die Salbung mit dem heiligen Öl. Dieses Sakrament war ja damals in seiner Benennung als ,,Letzte Ölung", im allgemeinen Verständnis und in der Handhabung eindeutig auf den nahe bevorstehenden Tod bezogen, ,,Sterbesakrament", ,,Todesweihe". Durch diese Nachbarschaft zum Sterben wurde es für viele mehr zu einem Gegenstand des Schreckens als zur Quelle des Trostes. Solche verkehrte, aber in Jahrhunderten eingewurzelte Anschauung beherrscht ja leider auch heute noch das Empfinden und Verhalten vieler Christen. Deshalb sieht sich der Priester, der doch von Christus her mit den heiligen Sakramenten Hoffnung und Frieden ins Krankenzimmer bringen soll, sozusagen in die düstere und unwürdige Rolle eines Totenvogels gedrängt. Jahrhundertelanges Fehlverständnis und Fehlverhalten wirken unheilvoll nach. Möge es einem lichtvolleren Denken und Glauben immer mehr gelingen, die törichte Angst vor den ,,Sterbesakramenten" abzubauen!

Sterbesakrament im guten und besten Sinn ist die heilige Eucharistie als gnadenhaftes Eingehen in Tod und Auferstehung des Erlösers. Die Salbung mit dem geweihten Öl aber ist nicht Sterbesakrament, sondern einfach Krankensakrament, das freilich auch ein Sterbender (niemals ein Toter) *noch* empfangen kann, sofern er eben auch ein Kranker ist. Im Jakobusbrief heißt es bei der Empfehlung dieser Salbung nicht: ,,Liegt jemand bei euch im Sterben", vielmehr: ,,Ist jemand bei euch krank." Wer gläubig mit der Kirche lebt und denkt, sollte bei jeder schweren Erkrankung dieses Sakrament mit seinen trostvollen Gebeten um Heilung und Heil für sich und die Seinen in Anspruch nehmen. Eine segensreiche Aufgabe für alle Christen, zumal für jeden, der selber erkrankt ist oder für Kranke zu sorgen hat!

Sterben ist nur selten Sache eines Augenblicks. Meist ist es ein Vorgang, der anhebt, sich über einige Zeit hinzieht und schließlich vollendet. Die ärztliche Kunst verfügt heute über Mittel, den endgültigen Eintritt des Todes oft noch lange aufzuhalten. Es bleibt in jedem Fall gewissenhaft abzuwägen, wie weit solches Bemühen sinnvoll ist oder nur das Leiden des Kranken und das Mitleiden der Nahestehenden verlängert.

Der letzte Abschnitt des Sterbevorgangs liegt bei den meisten Menschen unter dem wohltätigen Schleier tiefer Bewußtlosigkeit, die schon Stunden, ja Tage vorher eintreten kann. Übergroße Schmerzen des Kranken rechtfertigen auch, wenn ihm nichts Wichtiges mehr zu ordnen bleibt, durch entsprechende Mittel das Bewußtsein zu dämpfen.

Es kann wohl auch eine besondere Gnade sein, wenn einem Sterbenden das klare Bewußtsein bis zuletzt erhalten bleibt. Kamillus konnte bis wenige Minuten vor seinem letzten Atemzug noch sinnvoll und verstehbar sprechen. Auf sein Drängen feierte man in der Morgenfrühe des 14. Juli wieder die Eucharistie im Krankenzimmer. Der Kranke begleitete den Gang der heiligen Messe mit den entsprechenden Bewegungen und laut gesprochenen Gebetsworten. Mit großer Andacht empfing er noch einmal die heilige Kommunion. Die weiteren Stunden des Tages wurden ihm lang; er wußte und sagte klar, daß es sein letzter Tag war, und wartete mit einer Art heiliger Ungeduld auf das Ende. Das mittägliche und abendliche Angelusläuten begleitete er mit den entsprechenden Gebeten, wie er denn diesen ganzen Tag fast ununterbrochen betete und die Anwesenden zum Gebet aufforderte. Als man ihm am Abend noch eine Stärkung anbot und zum Trinken drängte, sagte er: „Wartet noch eine Viertelstunde, dann werde ich mich stärken!" — Sein Wort erfüllte sich, denn eine Viertelstunde später breitete er die Arme aus und tat den letzten Atemzug. Die auf ein Glockenzeichen herbeigeeilten Mitbrüder waren mit den Sterbegebeten gerade bis zu den Worten gekommen: ,,Mild und festlich erstrahle dir das Antlitz Christi Jesu!"

Heiliger Kamillus, bitte für uns!

Als Heilige wurden in der Christenheit zuerst nur die Apostel und Märtyrer verehrt, später auch andere Männer und Frauen, deren Gottverbundenheit sich im Leben durch hohe Tugend, durch Wunderzeichen und besondere Leistungen für das Gottesreich kundgetan hatte. Anfangs ging die Verehrung einfach vom christlichen Volk aus. Etwa seit dem zehnten Jahrhundert zog die amtliche Kirche das Recht an sich, darüber zu befinden, wer als Heiliger öffentlich verehrt werden darf. Wenn ich von der Heiligkeit eines Verstorbenen überzeugt bin, darf ich ihn wohl still für mich als Heiligen verehren und anrufen, aber zu einer öffentlichen Verehrung bedarf es der amtlichen Anerkennung und Aufnahme in das Verzeichnis der Heiligen. Die erste amtliche Heiligsprechung in der römischen Kirche war 993 die des Bischofs Ulrich von Augsburg.

Um Irrtümer über die Tugendgröße eines Heiligen und die auf seine Fürsprache gewirkten Wunder auszuschließen, schaltet die Kirche ihrem amtlichen Urteil ein sehr genaues Gerichtsverfahren vor, das sich unter Umständen lange hinziehen kann. Die kirchenrechtlichen Bestimmungen über Zeugenverhöre, Untersuchungen, Gutachten und andere Einzelheiten des Verfahrens sind im Lauf der Jahrhunderte immer weiter ausgebaut worden. Die amtliche Anerkennung eines Heiligen seitens des Papstes erfolgt in zwei Stufen: Die Seligsprechung gestattet die Verehrung nur für bestimmte Teile der Kirche (ein Bistum, ein Land, einen Orden), während die Heiligsprechung diese Verehrung für die ganze weltweite Kirche freigibt und vorschreibt.

Kamillus wurde erst 1742 seliggesprochen, und 1746 folgte die feierliche Heiligsprechung. Warum hat der von den Römern hochverehrte Mann so lange auf die „Ehre der Altäre" warten müssen? Zwei Hauptgründe lassen sich dafür angeben. Einmal war es die allgemeine Ungunst der Zeit, die mit ihren immer neuen kriegerischen Verwicklungen Welt und Kirche nicht zur Ruhe kommen ließ. Aber bedeutsamer war wohl noch der Einfluß des Rechtsgelehrten Prosper Lambertini, der als Papst Benedikt XIV. Kamillus heiliggesprochen hat. Als römischer Glaubensanwalt war er zwanzig Jahre hindurch auch mit dem Verfahren über Kamillus von Lellis befaßt gewesen. Die Forschungen, Erfahrungen und Vorschläge dieses überragenden Geistes haben auf die kirchliche Gesetzgebung im allgemeinen stark eingewirkt, insbesondere aber das Heiligsprechungsverfahren erheblich verschärft und erschwert. Was Lambertini in seinem mehrbändigen Standardwerk „Über die Seligsprechung der Diener Gottes und die Heiligsprechung der Seligen" als eine Frucht seiner Lebensarbeit niedergelegt hat, war in dem damals laufenden Verfahren über Kamillus von Lellis angewandt und erprobt worden. Das hat einerseits seine Heiligsprechung erheblich verzögert, anderseits aber zur Folge gehabt, daß Wesensart, Leben und Wirken unseres Heiligen bis in letzte Einzelheiten durchleuchtet und in einer langen Reihe von mächtigen Aktenbänden festgehalten wurde.

Papst Leo XIII. erklärte Kamillus 1886 zum Schutzheiligen aller Kranken und Krankenhäuser, und Papst Pius XI.

gab ihn 1930 auch den Krankenpflegekräften zum Vorbild und Schirmherrn. In beide ,,Ehrenämter" teilt er sich mit dem heiligen Johannes von Gott, der ein halbes Jahrhundert vor Kamillus in Spanien für die Betreuung der Kranken und der Irren segensreich gewirkt und den Orden der Barmherzigen Brüder gegründet hat.

Weitere Entwicklung des Ordens

Beim Tod des heiligen Kamillus zählte sein Orden sechzehn große und mehrere kleinere Niederlassungen. Die Ordenshäuser verteilten sich auf alle Landschaften Italiens; bevorzugt waren die größeren Städte mit ihren Spitälern. 220 Mitglieder des Ordens waren dem Gründer schon im Tod voraufgegangen, ein großer Teil von ihnen als Opfer des Einsatzes bei ansteckend Kranken. Zum Beistand der Kranken auch unter Lebensgefahr verpflichten sich ja die Söhne des heiligen Kamillus durch ihr viertes Gelübde.
Der starke Aderlaß, den der Orden immer wieder in Seuchenzeiten erlitt, war wohl der Hauptgrund, warum er an Mitgliederzahl niemals mit den großen Orden der Kirche gleichziehen konnte. Er stellte in mehrfachem Sinn immer eine sterbende Gemeinschaft dar. Bereits 1588 starben in Neapel zwei Drittel der dort tätigen Ordensmitglieder, 1591 zu Rom von den acht im Seuchenlazarett Arbeitenden fünf, 1600 in Nola drei Viertel der dorthin entsandten Ordensleute. 1642 wurden allein in Palermo elf Kamillianer bei der Pflege der Pestkranken hinweggerafft, unter ihnen der deutsche Pater Georg Rapp. 1630 waren es in Mantua zehn, in Mailand zwanzig. In den Seuchenjahren 1656/57 nennt der Ordenschronist hundert Priester und doppelt so viele Brüder als Opfer ihres Dienstes. Der Genueser Geistliche Mercello schreibt über die Lage in seiner Vaterstadt: „So viele Kamillianer sind damals zu Märtyrern geworden, daß ihre Häuser in Genua

fast ganz leer und entvölkert wurden. Selbst die Novizen zeigten sich der Überlieferung des Ordens würdig, und zehn von ihnen brachten ihr junges Leben zum Opfer." Noch im 19. Jahrhundert gab es in Italien zweimal einen verheerenden Ausbruch der Cholera, 1832 und 1887, beidemal für den geschwächten Orden eine Gelegenheit, der heimgesuchten Mitwelt todesmutig zu dienen.
In den ersten Jahrzehnten des 19. Jahrhunderts war der Orden tatsächlich dem Aussterben nahe. Außer den Verlusten durch die in Abständen immer wieder auftretenden Seuchen hatte dazu auch der kirchenfeindliche Einfluß der Freimaurer mit einer entsprechenden Gesetzgebung in verschiedenen Ländern beigetragen. Hinzu kamen die Folgen der Französischen Revolution und der napoleonischen Wirren. Daneben hatten sich verfehlte Zielsetzungen und Entscheidungen im Orden selbst ungut ausgewirkt.
Da bediente die göttliche Vorsehung sich eines Weltgeistlichen in Verona, um eine neue Blüte des Ordens einzuleiten. Man hat Don Cesare Bresciani mit einem gewissen Recht den zweiten Gründer des Ordens genannt. Er war einer der gelehrtesten und angesehensten Priester in Verona, zog aber dem Aufstieg zu höheren Ämtern ganz bewußt das — wie er es nannte — ,,Schön-bei-den-Armen-Bleiben" vor und lebte auf Tuchfühlung mit ihnen im Hospital. Handgreiflich erfuhr er dort, ähnlich wie Kamillus zu seiner Zeit, die schweren Mängel, an denen der Krankendienst in den damaligen Hospitälern von Verona litt, und er war entschlossen, etwas dagegen zu unternehmen. Sein Erneuerungsplan hatte dadurch ganz besondere Merkmale, daß ihm gerade bei der Lesung des Evangeli-

ums aufging, wie unerträglich für ein christliches Gewissen die damalige Lage war. Seine Antriebe nahm er aus dem Wort und Beispiel Jesu und aus dem Leben des heiligen Kamillus, das er immer von neuem las. Noch in vorgerücktem Alter schloß er sich dem Orden an und legte 1842 die Gelübde ab. Er sammelte um sich, ähnlich wie Kamillus, eine kleine, aber schnell wachsende Gemeinschaft von Priestern und Krankenpflegern. Sie wurde die Keimzelle für einen neuen blühenden Zweig des Ordens, die lombardisch-venezianische Provinz, die dem Orden eine Reihe starker Persönlichkeiten schenkte und auf den ganzen Orden belebend ausstrahlte.

Zwar erlitt der Orden wieder einen spürbaren Rückschlag durch die revolutionären und kriegerischen Wirren, mit denen sich von Piemont aus die staatliche Einigung Italiens durchsetzte. Sie trug weithin kirchenfeindliche Züge und raubte der Kirche und den Orden einen großen Teil des Besitzstandes an Klöstern, Anstalten und Bildungseinrichtungen. Aber mit der Zeit vernarbten diese Wunden, und die hingenommenen Verluste wurden durch frisches Wachstum überholt.

Diese Aufwärtsentwicklung hat sich in der ersten Hälfte unseres Jahrhunderts fortgesetzt. Die Jahrzehnte seit dem Ende des Zweiten Weltkrieges brachten dem Orden eine weitere Auffächerung in neue Provinzen und die Hinwendung zur Missionsarbeit in Ostasien und Afrika. Für seine innere geistige Entwicklung wurde das Zweite Vatikanische Konzil bedeutsam, das allen kirchlichen Orden die Aufgabe stellte, sich auf ihre Ursprünge zu besinnen und für die Verwirklichung ihrer Eigenart und Eigenaufgabe die unserer Zeit angepaßten Formen zu entwickeln. Dementsprechend hat auch der Orden des heiligen Kamillus sich in mehrjähriger Gemeinschaftsarbeit ein neues Grundgesetz gegeben, das inzwischen von der Kirche bestätigt wurde und den bleibenden Gehalt der früheren Ordenssatzungen in zeitgemäßer Ausprägung darstellt.

Der deutsche Ast am Baum des Ordens

Schon Jesus gab seinen Jüngern, die er zur Vorbereitung seines Kommens in die Städte und Dörfer des Judenlandes sandte, die Weisung mit, sie sollten den Staub von ihren Füßen schütteln und weiterziehen, wenn man ihnen an einem Ort abweisend oder feindlich begegne. Die Verfolgung der jungen Christengemeinde in Jerusalem und die Versprengung ihrer Mitglieder über das Land hin trug nur zur schnelleren Ausbreitung des Evangeliums bei. Solche Vorgänge haben sich in der Geschichte der Kirche und ihrer Orden oft wiederholt: Ungunst der Verhältnisse an einem Ort oder in einem Land erzwang Flucht oder Auswanderung und neuen Anfang irgendwo in der Fremde. Auch der deutsche Zweig des Ordens der Krankendiener hat sich auf diesem Wege gebildet und entfaltet.

Von Norditalien aus, wo damals ein kirchenfeindlicher Wind blies, hatte der Orden 1869 in Frankreich Fuß gefaßt. Gleich im ersten Jahrzehnt konnten dort zwei Häuser zur Aufnahme und Schulung neuer Mitglieder eröffnet werden. Da wurde im Jahre 1880 unter dem Ministerium Gambetta und Ferry ein Gesetz erlassen, das so etwas wie einen Klostersturm zur Folge hatte. Wie es vielen anderen Orden auf französischem Boden erging, so auch den Kamillianern: sie mußten entweder auf das gemeinsame Ordensleben verzichten oder ins Ausland gehen. Auf der Suche nach einem neuen Standort kamen französische Kamillianer im Jahre 1884 in die niederländische Bischofsstadt Roermond im südlichen Limburg nahe der deutschen Grenze. Hier fanden sie für ihr gemeinsames Leben und Wirken im Krankendienst wieder günstigen Boden, und als sich in der ersten vorläufigen Unterkunft schon bald Raumnot einstellte, ermöglichte ihnen eine großherzige Stiftung den Bau eines geräumigen Klosters und bald auch einer kleinen Klinik.

Klosterfeindliche Gesetze galten damals auch im wilhelminischen Deutschen Reich, vor allem in seiner nördlichen Hälfte, dem Königreich Preußen. Junge Leute, die sich einem Orden anschließen wollten, gingen aus Westfalen und den Rheinlanden gern über die Westgrenze nach Belgien oder Holland, wo sie in Klöstern verschiedener Richtung ihre Berufsziele verwirklichen konnten. So sahen sich auch die französischen Kamillianer in Roermond bald einem nicht unwillkommenen Zustrom deutscher Ordensbewerber gegenüber. Die Zahl der deutschen Mitglieder wuchs so schnell, daß die Ordensleitung es für richtig hielt, ihnen das Haus in Roermond ganz zu überlassen, während für die Franzosen neue Möglichkeiten in Belgien und Frankreich gefunden wurden.

Am 1. April 1891 zählte das Ordenshaus in Roermond 48 Deutsche. Nach einer Vorstufe als Pro-Provinz erhielt dieser deutsche Zweig des Ordens im Jahre 1903 sozusagen seine Volljährigkeit als eigene Ordensprovinz.

Inzwischen waren aber schon weitere Ordenshäuser gegründet worden. Da die weiterbestehenden Kulturkampfgesetze eine Niederlassung in Deutschland vorerst verhinderten, wurde ein zweites Kloster in Vaals bei Aachen hart an der deutschen Grenze eröffnet. Um die Jahrhundertwende kam es, Deutschland vorläufig überspringend, zu einer Gründung in der norddänischen Stadt

Aalborg. Etwa zur gleichen Zeit genehmigte Kaiser Franz-Joseph von Österreich eine Niederlassung in Wien, wo der Orden in den folgenden Jahrzehnten eine ausgedehnte Tätigkeit in der Krankenhaus-Seelsorge entfalten konnte.

Ein Fußfassen im Deutschen Reich wurde den Kamillianern erst möglich, als der Orden sich anbot, eine Aufgabe zu übernehmen, an der auch den Herren in Berlin sehr gelegen war, nämlich Hilfestellung im Kampf gegen den Alkoholismus zu leisten. Die Trunksucht hatte besonders unter der Arbeiterschaft an der Ruhr und im damals noch preußischen Oberschlesien bedrohliches Ausmaß angenommen. So wurde 1901 in Heidhausen bei Werden an der Ruhr, jetzt zum Stadtgebiet Essen gehörig, eine Trinker-Heilanstalt errichtet, die heute nach fast achtzig Jahren als moderne ,,Fachklinik Kamillushaus" noch mit gleicher Zielsetzung arbeitet. 1907 wurde in Tarnowitz (Oberschlesien) eine gleiche Heilstätte eröffnet. Es folgten in den Jahren vor und nach dem Ersten Weltkrieg weitere Niederlassungen in Neuß, Münster, Freiburg, Berlin, Hindenburg (Oberschlesien) und Mönchengladbach, außerdem verschiedene Häuser in Österreich. Das Krankenhaus in Mönchengladbach, 1931 eröffnet, war von Anfang an als Schulungsstätte für die Brüder in der Krankenpflege geplant. Ihm ist die einmalig schöne Kamilluskirche angegliedert, ein Meisterwerk des Architekten Professor Dominikus Böhm. Die Fachrichtung des Krankenhauses ist die Behandlung und Erforschung allergischer Erkrankungen, insbesondere des vielschichtigen Asthmaleidens.

Die Niederlassung in Freiburg war von Anfang an eng mit der Arbeit des deutschen Caritasverbandes gekoppelt.

Später kam die Seelsorge in den Freiburger Universitätskliniken und anderen Krankenhäusern hinzu. Die Arbeit der Freiburger Patres war besonders dazu angetan, dem heiligen Kamillus und seinem Orden im deutschen Sprachgebiet Ansehen zu verschaffen. Sie wirkten als Referatsleiter und Dozenten, als Herausgeber und Mitarbeiter zahlreicher Zeitschriften und Buchveröffentlichungen, als Organisatoren verschiedener karitativer Teilverbände und Zusammenschlüsse, als Leiter entsprechender Schulungseinrichtungen und Bildungsveranstaltungen. Namen wie P. Michael Fischer, P. Wilhelm Wiesen, P. Dr. Robert Svoboda und P. Bernhard Rüther nennen Persönlichkeiten, deren fachkundige und hingebende Arbeit fruchtbar war und noch lange nachwirken wird.

Einzelne deutsche Kamillianer waren schon vor dem Ersten Weltkrieg nach Südamerika gesandt worden, vor allem nach Lima in Perù, um einem dort schon lange bestehenden Konvent neues Leben zuzuführen. In den zwanziger Jahren ging dann eine Reihe von Patres und Brüdern nach Nordamerika in die Vereinigten Staaten. Ihre Niederlassung in Milwaukee wurde zum Grundstock der nordamerikanischen Ordensprovinz. — Auch in Österreich waren bis zum Zweiten Weltkrieg noch weitere Ordenshäuser hinzugekommen.

Die so entstandene ,,großdeutsche" Provinz des Ordens, die sich, räumlich gesehen, von der ungarischen Grenze bis nach Dänemark, von Oberschlesien bis in die Vereinigten Staaten erstreckte, konnte so nach dem Ende des Zweiten Weltkrieges nicht weiterbestehen. Die oberste Ordensleitung hielt es aus verschiedenen Gründen für ratsam, neben der verbleibenden deutschen Provinz und aus den bis dahin zu ihr gehörenden Niederlassungen vier weitere eigenständige Ordensprovinzen einzurichten, nämlich die österreichische, polnische, niederländische und nordamerikanische Provinz. Für die so entstandenen, anfangs recht kleinen und schwachen Gebilde ergab das den heilsamen Zwang, sich verstärkt um Nachwuchskräfte aus ihrem eigenen Land zu bemühen. Zur Zeit scheint in dieser Hinsicht die polnische Provinz am besten gestellt. Darum wird ihre Hilfe, voraussichtlich für eine längere Reihe von Jahren, dankbar angenommen, um die bedeutsame Arbeit der Kamillianer in Berlin weiterführen zu können. Über den Rahmen der eigenen Großstadtpfarrei in Berlin-Charlottenburg hinaus sind dort zur Zeit fünf große Krankenhäuser seelsorglich zu betreuen. Ausbau und Betriebsführung des eigenen Seniorenheims, bisher vom Orden wahrgenommen, wurde dem Caritasverband anvertraut. Durch orts- und zeitgerechte Formen der Zusammenarbeit sucht eben der Orden überall den derzeitigen Mangel an eigenen Kräften zu überbrücken.

Aus ähnlichen Gründen, zur ,,Frontbegradigung", wurde schon 1983 der gesamte, in acht Jahrzehnten aufgebaute Besitz des Ordens in Dänemark (Aalborg und Frederikshavn) dem Bistum Kopenhagen als Geschenk übereignet. Eine Gedenktafel in der Aalborger Marienkirche hält die Erinnerung an das Wirken der deutschen Patres und Brüder fest.

Das Kamillushaus in Neuß am Rhein, 1911 gegründet, hat jahrzehntelang eine gymnasiale Schule für den Ordensnachwuchs beherbergt. Heute werden dort junge Männer aufgenommen, die das Ziel ansteuern, in der Nachfolge des heiligen Kamillus den kranken Mitmenschen als Seelsorger oder Pfleger zu dienen. Sie können am Tages- oder Abendgymnasium die Hochschulreife erwerben. Anschließend bereiten sie sich im einjährigen Noviziat auf die Ordensgelübde vor. Während dieser Zeit finden sie auch Gelegenheit, im benachbarten Mönchengladbach den Mitbrüdern im Asthma-Krankenhaus beim Pflegedienst zu helfen, abwechselnd tage- oder auch wochenweise. Die Ordensgelübde werden nach Abschluß des Noviziatsjahres zunächst zeitlich befristet abgelegt. Erst nach Verlauf mehrerer Jahre kann man sich dem Orden durch die „ewigen Gelübde" auf Lebenszeit verbinden. — Das Kamillushaus in Neuß öffnet seine Räume gern für Seminare der Charismatischen Gemeindeerneuerung. Auch Tagungen und Kurse zur Einkehr und geistlichen Weiterbildung von Gruppen aus dem Pflegebereich und der Sozialarbeit werden dort gehalten.

Der Kamillianerkonvent zu Freiburg i. Br. ist jetzt der bevorzugte Standort für die weitere Ausbildung zum Priestertum oder zu einer Aufgabe im Gesundheitswesen. Gegenüber dem vor einigen Jahren aufgegebenen Kamilluskolleg Sudmühle, das weit am Stadtrand von Münster lag, hat das Freiburger Haus den Vorteil der Lage mitten in der Stadt, aber doch am Abhang des Schloßberges, der unmittelbar in den Hochschwarzwald übergeht. Kurz sind die Wege zur Universität und zu den Arbeitsorten der Mitbrüder in den Universitätskliniken, verschiedenen Krankenhäusern und der Zentrale des Deutschen Caritasverbandes. So bietet gerade Freiburg beste Möglichkeiten zur Ausbildung und Weiterbildung auf allen Gebieten, die für die Tätigkeit eines Kamillianers in Frage kommen. — Wegen seiner Lage am Schwarzwald wird das Freiburger

Haus auch als Urlaubsort von Mitbrüdern aus anderen Niederlassungen gern aufgesucht. Um seine räumlichen Möglichkeiten zu erweitern, soll die vorhandene Gelegenheit wahrgenommen werden, ein angrenzendes Grundstück mit geeignetem Haus zu kaufen.

Nach einer längeren ,,Dürrezeit" scheint die Zahl der Berufungen in den letzten Jahren wieder zu steigen. So wächst die Hoffnung auf eine neue Blüte und Fruchtbarkeit des deutschen Astes am Baum des Ordens. Diese Hoffnung stützt sich auch auf die geistliche Hilfestellung der wachsenden ,,Kamillianischen Familie" und der von den Kamillianern geförderten Gebetskreise Charismatischer Gemeindeerneuerung.

Arbeits- und Erntefelder ganz nach dem Sinn des Ordensgründers gibt es heute für die Kamillianer in der Heimat wie in aller Welt, namentlich in den Entwicklungsländern. Auch in Deutschland müssen zur Zeit viele große Krankenhäuser einen eigenen priesterlichen Seelsorger entbehren. In manchen Bistümern ist der Mangel an Geistlichen schon so drückend, daß die Bischöfe für den Dienst sogar in großen Hospitälern keinen Priester mehr freistellen können. Und doch sind gerade die Krankenhäuser ein überaus fruchtbarer Boden für die Saat der Frohen Botschaft vom Gottesreich. Für den Krankenhausseelsorger geht es ja nicht nur darum, den Gottesdienst zu feiern, den Kranken die heiligen Sakramente zu spenden und den Sterbenden beizustehen. Vielmehr bezieht sich seine Aufgabe auch auf die andere Hälfte der Hausgemeinschaft, die Gesunden. Er soll, soweit die örtliche Lage es erlaubt, auch der Ärzteschaft, den Pflegekräften und den übrigen Angestellten als geistlicher

Berater und Helfer, als Vordenker und Anreger dienen. Ein vom christlichen Geist geprägtes Krankenhaus kann für die Patienten und ihre Angehörigen, für die Mitarbeiter des Hauses und für dessen ganzen Einzugsbereich zur Quelle unschätzbaren Segens werden. Diese Möglichkeiten wachsen noch erheblich, wo Ordensfrauen oder Ordensbrüder unmittelbar im Pflegedienst tätig sind oder andere Aufgaben im Gesamtgefüge des Hauses fachkundig und verantwortungsvoll übernehmen.

Rückblickend in die jüngere Geschichte der deutschen Kamillianer sei noch eines Mannes gedacht, dem der Orden für seine Entwicklung nach dem Zweiten Weltkrieg viel verdankt. Pater Carl Mansfeld war 1889 in Bochum geboren. Als junger Priester wurde er 1924 in die Vereinigten Staaten geschickt. Dort war er bald die führende Kraft im Aufbau und Ausbau der nordamerikanischen Niederlassungen. Die erste Generalversammlung des Ordens nach dem Krieg berief ihn 1947 an die Spitze des gesamten Ordens und übertrug ihm damit ein Amt, das in jenen Jahren ein besonderes Maß an Weitblick, Unternehmungsgeist und Geschick verlangte. Wie sehr Pater Mansfeld diesen Erwartungen entsprach, kam darin zum Ausdruck, daß die beiden folgenden Generalversammlungen 1953 und 1959 ihm jeweils für sechs weitere Jahre das hohe Amt übertrugen. Es war in der Geschichte des Ordens wohl der erste Fall, daß ein Generaloberer achtzehn Jahre lang ununterbrochen im Amt blieb. — Nach Ablauf seiner dritten Amtszeit kehrte Pater Mansfeld in seine amerikanische Provinz zurück. Der rastlose Wanderer, inzwischen fast erblindet, plante noch einen letzten Besuch in der deutschen Heimat, aber statt dessen verfügte Gott seine Abreise in die ewige Heimat am 8. Dezember 1972.

Die Kamillianer in Österreich

Mitbrüder der deutschen Ordensprovinz (als solche erst 1903 errichtet) kamen bereits im Jahre 1906 mit Genehmigung des Kaisers Franz-Joseph nach Wien und übernahmen die Seelsorge im damals schon 3000 kranke und alte Menschen beherbergenden Pflegeheim der Stadt Wien-Lainz.

Das Bemühen um eine weitere Niederlassung in Österreich führte 1913 zum Erwerb des Klosters und Wallfahrtskirchleins Hilariberg bei Kramsach in Tirol. Hier waren die ersten bescheidenen Anfänge eines Studienhauses auf österreichischem Boden. Durch den Ausbruch des Ersten Weltkrieges wurden die begründeten Hoffnungen auf zahlreichen und guten Ordensnachwuchs aus Westösterreich und Südtirol zunichte gemacht.

1923 bis 1930 entfalteten die Kamillianer die Krankenhausseelsorge im Krankenhaus Innsbruck.

Einen neuen Anlauf zur Gründung eins Studienhauses nahm die Ordensleitung 1930 und übernahm Kirche und Kloster in Wimpassing an der Leitha im Burgenland. Bis zur Aufhebung durch die Machthaber des NS-Regimes war das Haus Ausbildungsstätte für Priesterstudenten aus Österreich, Ungarn und Polen.

Mit dem Ende des Zweiten Weltkrieges war es aus politischen Gründen für den Provinzial der deutschen Provinz unmöglich, die Leitung seiner Niederlassungen in Polen, Österreich, Holland und den Vereinigten Staaten zentral wahrzunehmen. Darum erfolgte durch die Generalleitung in Rom 1946 die Gründung der selbständigen österreichischen Provinz (gemeinsam mit der polnischen und holländischen Provinz sowie der Provinz USA), die aus dem zu diesem Zeitpunkt in den österreichischen Niederlassungen tätigen Mitbrüdern konstituiert wurde. Die Haupttätigkeit der Kamillianer in Österreich war immer die Krankenseelsorge im Bereich der öffentlichen Krankenanstalten. Dieser Linie folgte auch die Entwicklung der jungen österreichischen Provinz durch die Übernahme von Seelsorgediensten in den bedeutendsten Krankenanstalten der Bundeshauptstadt Wien:

1945 — Rudolfsstiftung, Wien III.
1945 — Wilhelminenspital, Wien XVI.
1945 — Neue Universitätskliniken, Wien IX.
1945 — Krankenhaus Lainz, Wien XIII.
1945 — Altersheim Lainz, Wien XIII.
1946 — Kaiser-Franz-Joseph-Spital, Wien X.

Außerhalb Wiens wurde die Seelsorge seit 1945 wieder an der Universitätsklinik Innsbruck wahrgenommen und seit 1947 im Krankenhaus der Barmherzigen Schwestern in Zams.
1945 wurden Kirche und Kloster in Wimpassing an der Leitha wieder dem Kamillianerorden übergeben. Als Aktivität begannen die Patres mit der Führung eines Kinderheimes. Nachdem 1955 die ersten Neupriester nach dem Zweiten Weltkrieg geweiht werden konnten, erfolgte eine Ausweitung der Krankenhausseelsorgetätigkeit auch über Wien hinaus in andere Städte Österreichs:

1956 — Allgemeines Krankenhaus Linz
1967 — Krankenhaus der Kreuzschwestern, Wels
1968 — Krankenhaus der Barmherzigen Schwestern, Linz
1968 — Krankenhaus der Kreuzschwestern, Sierning
1971 — Landeskrankenhaus Salzburg
1972 — Landesnervenklinik Salzburg.

Das Bemühen um die Krankenseelsorge in Österreich hat dazu geführt, daß den Kamillianern in drei Diözesen (Wien, Linz, Salzburg) die Koordination der Krankenhausseelsorge im jeweiligen Pastoralamt übertragen wurde. Seit Bestehen der Arbeitsgemeinschaft der Ordensspitäler Österreichs (1978) wird diese von einem Kamillianer geleitet und erfaßt siebenunddreißig Krankenanstalten.

Die Durchführung eines Praktikums für die Krankenhausseelsorge ist in der Verantwortung eines Seelsorgeteams in der von den Kamillianern geleiteten Krankenhauspfarre am Landeskrankenhaus Salzburg.

Bahnbrechend ist die Tätigkeit der Kamillianer für die Behinderten in Österreich:

— Gründung der Arbeitsgemeinschaft für kirchliche Behindertenarbeit in Oberösterreich;
— Blindenseelsorge in Oberösterreich in Zusammenarbeit auf nationaler und internationaler Ebene;
— Gründung der ,,Katholischen Krankenvereinigung Österreichs", die zirka zweiundsechzig Gruppen von sechs bis acht Personen umfaßt, die zueinander in regelmäßigem Kontakt stehen;

— Gründung des Vereins „Lebenswertes Leben" zur (Selbst-)Hilfe für Schwerstbehinderte in ganz Österreich, der wiederum die Errichtung des Behindertendorfes Altenhof mit 169 Plätzen für Schwerstbehinderte bewerkstelligte.

Die Vortrags- und literarische Tätigkeit der Kamillianer in Österreich umgreift Fragen und Probleme des Krankenhauswesens, der Kranken-, Alten-, Behinderten-, Schwestern- und Ärzteseelsorge. Die von Kamillianern redigierten Zeitschriften und ihre Veröffentlichungen in Büchern, Schriften und Beiträgen sind in Österreich und im deutschen Sprachraum verbreitet und reichen bisweilen darüber hinaus (Ungarn, Italien, Frankreich).

Derzeit erstreckt sich die Tätigkeit der Kamillianer auf folgende Arbeitsbereiche:

— Krankenhausseelsorge in Wien, Linz, Wels und Salzburg;
— Leitung der Krankenreferate im Bereich der Pastoralämter der Diözesen Wien, Linz und Salzburg;
— Behindertenseelsorge;
— Pfarr- und Gefangenenseelsorge;
— Leitung eines Kinderheimes;
— Leitung der ARGE Ordensspitäler Österreichs;
— Leitung des Generalsekretariates der Superiorenkonferenz Österreichs;
— Animation der Kamillianischen Familien und der Helferkreise für die Dritte Welt;
— Geistliche Leitung der Kamillianischen Schwestern (Säkularinstitut);
— Aktivitäten des Gesundheitsdienstes der Kamillianer für die Dritte Welt.

Der Bruder im Kamillianer-Orden

Jeder Mensch und jedes Menschen Werk durchläuft seinen Werdegang. Kamillus hat erst in einem leidvollen Hin und Her die Ausrichtung seines Lebens gefunden; ähnlich erging es ihm mit der Gestaltfindung für sein Werk, den Orden der Krankendiener, dessen Arbeitsweise und Verfassung. Am Anfang stand, noch recht unbestimmt, die Vorstellung einer ,,Gesellschaft von frommen und rechtschaffenen Männern, die nicht um Lohn, sondern freiwillig und aus Liebe zu Gott den Kranken dienten". Am Ende seines Lebens sah er als Ergebnis einen Orden mit festen Satzungen und Hunderten von Mitgliedern, teils Priestern, teils Laien.

Kirchenrechtlich wurde dieser Orden in die schon bestehende Klasse der ,,Regularkleriker" eingestuft, deren bedeutendstes Beispiel damals die ,,Gesellschaft Jesu", der Jesuitenorden, darstellte. Diese Standortbestimmung seitens der Kirche brachte den jungen Orden der Krankendiener in Gefahr, sein einmaliges Gesicht zu verlieren, seine ursprüngliche Eigenart langsam eingeebnet und damit verfälscht zu sehen. Schon bei Lebzeiten des Gründers wurde das spürbar. Kamillus hatte mit seinem Einsatz für die Kranken im Bereich der körperlichen Pflege begonnen, weil dort die Notstände zunächst besonders auffällig und bedrückend waren. Aus seiner Glaubenshaltung und Christusliebe nahm er aber sehr bald ebenso die Sorge um das ewige Heil der Kranken in den Blick, die Seelsorge und ganz besonders den Beistand der

Sterbenden. Ungleich mehr als unsere heutigen Krankenhäuser waren ja damals die Spitäler, zumal in Seuchenzeiten, Orte des Sterbens.

Um auch in dem alles entscheidenden Heilsbereich helfen zu können, bahnte Kamillus sich den Weg zum Priestertum und setzte alles daran, in der rasch wachsenden Gemeinschaft eine ausreichende Zahl von Priestern zu bekommen. Dabei bevorzugte er aber für sich selber bis ans Lebensende den schlichten und schweren körperlichen Dienst am Kranken. In seiner Sicht bildeten Leibsorge und Seelsorge eine untrennbare Einheit; an dieser ganzheitlichen Aufgabe sollten Priester und Brüder gemeinsam arbeiten, wenn auch mit unterschiedlicher Verteilung der Gewichte. Kamillus wollte, daß seine Priester im Rahmen ihrer vorrangigen Seelsorgepflichten auch für pflegerische Dienste zur Verfügung standen und daß die Brüder im Pflegedienst zugleich als Seelsorger wirkten: durch Gebet mit den Kranken, Unterweisung im Glauben, Mahnung und Beratung im Gewissensbereich, Vorbereitung zum Empfang der Sakramente und Beistand der Sterbenden.

Ganzheitlicher Dienst für Leib und Seele des Kranken, in brüderlichem Zusammenwirken von Priestern und Brüdern ohne scharfe Trennung der Bereiche geleistet: dies war das Modell, das Kamillus vorschwebte und das auch in den frühen Verfassungsurkunden des Ordens seinen Ausdruck fand. Entsprechend dieser Zusammenarbeit wollte er die Brüder auch in den Ämtern und Ratskörperschaften des Ordens vertreten sehen. Sein Ausdruck für diese Gleichstellung lautete: ,,Das Institut ist gemeinsam." Und er war sich bewußt, daß er hiermit vom Baumuster der übrigen Orden seiner Zeit, zumal der Regularkleriker, abwich. Noch in seinem Testamentsbrief, von dem bereits die Rede war, warnte er davor, die Brüder unter Berufung auf die Verhältnisse anderer Orden in eine niedere Stellung zu drängen. Diese ausdrückliche Verwahrung macht deutlich, daß er gegen Ende seines Lebens schon eine Verfälschung seiner Gründung befürchtete, weil sich diese bereits anbahnte.

Dabei wirkten mehrere Ursachen zusammen. Einmal war es die von Kamillus erwähnte Berufung auf die Verfassung der anderen Orden, in denen die gehobenen Ämter und das Stimmrecht nur den priesterlichen Mitgliedern zustanden, während die Brüder zwar echte Ordensmitglieder waren, rechtlich aber einen minderen Stand bildeten, der durch Gebet, körperliche Arbeit und häusliche Dienste an den Zielsetzungen des Ordens mitwirken durfte. Diese Klassentrennung hing ihrerseits mit dem damals geringen Bildungsstand der breiten Volksschichten zusammen. Verhältnismäßig wenige Menschen konnten überhaupt lesen und schreiben, und solche waren dann, wenn sie in einen Orden gingen, Anwärter auf weiteres Studium, Priestertum und Ämter.

Kamillus sah das Priestertum nicht als Vorbedingung an, wenn er Mitglieder des Ordens mit verantwortungsvollen Aufgaben zu betrauen hatte. Vermöge seiner Ausstrahlungskraft hatte er wohl auch eine größere Zahl begabter und gebildeter Männer unter seine Brüder aufnehmen können. Der anfängliche Mangel an Priestern im Orden brachte es mit sich, daß mehreren von ihnen weitere Ausbildung und Weihe zum Priestertum nahegelegt wurde.

Aber das Beispiel machte Schule, und es kam dahin, daß immer mehr Brüder von sich aus auf solche „Beförderung" drängten. Für den Stand der Brüder im ganzen war das sehr zum Nachteil, denn er verlor durch solche „Auslaugung" an Eigengewicht, Bedeutung und Anziehungskraft.

Hinzu kam, daß in den wiederkehrenden Seuchenwellen die meisten Todesopfer bei den Brüdern zu beklagen waren und daß, menschlich verständlich, die Lücken nicht mehr, wie in den Jahrzehnten der ersten Begeisterung, durch starke Zugänge aufgefüllt wurden. Im Orden bekamen die Priester mit der Zeit derart das Übergewicht, daß man sich mehr und mehr auf die Seelsorge beschränkte. Die wenigen noch vorhandenen Brüder wurden aus dem Spitaldienst zurückgenommen und mit Arbeiten im Hause beschäftigt, gelegentlich auch mit Hauskrankenpflege im Umkreis der Klöster.

So war im Lauf von etwa zwei Jarhunderten, mit örtlichen Unterschieden, das eingetreten, wovor Kamillus sorgenvoll gewarnt hatte. Ob es sich hätte vermeiden lassen? Die meisten Ordensgründer hatten Kummer mit der Entwicklung ihrer Stiftungen und sorgten sich um deren Zukunft. Vielfach haben sich eben die Zeit- und Umweltverhältnisse stärker erwiesen als der beste Wille.

In einem früheren Abschnitt haben wir schon auf die Neubelebung des Ordens hingewiesen, die durch Pater Cäsar-Kamillus Bresciani ausgelöst wurde. Wie er in allem auf Kamillus zurückgriff, so gab er auch den Brüdern ihren ursprünglichen Auftrag an der Seite des Kranken zurück und schuf die Voraussetzungen, die zusammen mit anderen Ursachen zur Wiederaufwertung ihres Standes auch im rechtlichen Bereich führen sollten.

Über Pater Bresciani heißt es in einem Schreiben, das der Generalrat 1979 an den ganzen Orden richtete: „Sein Erneuerungswerk hat als Hintergrund den Geist des heiligen Kamillus. Diesem Geist gibt er in den damaligen peinvollen Verhältnissen eine zeitgemäße Gestalt. Die Brüder finden breiten Raum in seinem Plan. Im Jahre 1837 eröffnet er die Verhandlungen mit den Oberen in Rom, um sich in den Orden aufnehmen zu lassen. Dabei spricht er von seiner kleinen Gemeinschaft aus drei Priestern, zwei Theologiestudenten und sechs Laienbrüdern, die mit ihm ein gemeinschaftliches Leben führen. Die Priester und teilweise auch die Studenten übten den geistlichen Dienst aus, während die Brüder Tag und Nacht die Kranken pflegten." „Ohne daß wir Kamillianer gesehen haben, sind wir es. Unsere Regel ist das Leben des heiligen Kamillus, das wir jeden Tag lesen. Man kann sagen, daß uns die Berufung mit der Lesung gekommen ist. Wir arbeiten bei Nacht und bei Tag, kleiden und ernähren uns wie arme Leute."

„Auch Pater Bresciani entwickelte seinen Plan unter dem doppelten Leitgedanken der Seelsorge und des Dienstes an der Gesundheit. Dies zeigt sein Schriftverkehr mit Rom und der Briefwechsel mit den Behörden verschiedener Hospitäler in der Lombardei und in Venetien, ferner seine Richtlinien für die Heranbildung der jungen Brüder und für neue Niederlassungen. Er kam sogar dahin, Neugründungen erst gar nicht in Erwägung zu ziehen, sofern nicht neben den Priestern auch Brüder für den Pflegedienst angenommen wurden. Die von Bresciani eingeleitete Erneuerung bedeutete einen Einschnitt, hatte tiefgreifende Wirkungen für die weitere Entwicklung im Orden."

Die Fortschritte auf allen Gebieten der Heilkunde, die Erfolge von Forschung und Wissenschaft, die Entwicklung neuer Verfahren zur Erkennung und Behandlung der Erkrankungen, die Umstellungen im gesamten Krankenhauswesen stellten auch ständig steigende Anforderungen an die Ausbildung der Pflegekräfte.

Heute gibt es für den Bruder im Kamillianerorden einen breiten Fächer möglicher Ausbildung und Betätigung, angefangen vom einfachen Dienst des Pflegehelfers bis hin zum hochkarätigen Fachmann in den verschiedenen Bereichen der Pflege wie des Gesundheitswesens überhaupt. Grundsätzlich überholt und veraltet ist heute eine Auffassung, die leider lange Zeit hindurch zutraf, daß man nämlich im Stand des Bruders so etwas wie eine Wahl zweiter Klasse sah, die einem offensteht, der höheren Studien nicht gewachsen ist. Ordensbrüder können auch Ärzte sein, ebenso wie etwa Verwaltungsleiter oder Geschäftsführer eines Krankenhauses. Immer dürfte freilich gelten: Je näher beim Kranken, desto näher bei Kamillus und seinen Absichten.

Das obengenannte Schreiben des Generalrates stellt fest: ,,Ausbildung und Tätigkeit im wissenschaftlichen und technischen Bereich stehen den Brüdern offen. Erweitert ist ihre verantwortliche Beteiligung im Beirat des Hauses und der Provinz und im Leben der Gemeinschaft. Einige Brüder sind zu Oberen ernannt worden. An den drei letzten Generalversammlungen waren Brüder als Abgeordnete beteiligt. Auf der Generalversammlung von Capiago (1977) wurde nach fast dreihundertjähriger Unterbrechung ein Bruder in den Generalrat gewählt." — ,,Die Gestalt des Bruders, wie sie sich aus unserm neuen

Grundgesetz ergibt, ist die eines erwachsenen und gereiften Menschen, der imstande ist, sein Leben und seine Sendung vollverantwortlich zu übernehmen, eines Menschen, der keiner geschützten und überwachten Strände bedarf, um sich der Sonne und dem Meer auszusetzen, weil er eben, einerlei unter welchen Umständen sein Dienst verlangt werden mag, fähig ist, seiner Aufgabe gerecht zu werden und von seiner Hoffnung Rechenschaft zu geben (1 Petr 3, 15)."

Aus dem neuen Grundgesetz des Kamillianerordens, das seit 1972 in Geltung ist, seien hier die einschlägigen Bestimmungen angeführt:

Art. 96: Unser Orden besteht aus den Mitgliedern, die sich durch Gelübde oder Versprechen gebunden haben. Einige sind Priester, andere nicht. Als Ordensmitglieder streben sie alle nach demselben Ziel und stehen im gleichen Rang. Mit der feierlichen Gelübdeablegung erhalten die Mitglieder das aktive und passive Wahlrecht im Ordensbereich.

Art. 91: Nach Maßgabe der vom einzelnen schon erreichten Ausbildung und Vorbereitung sollen diese Mitbrüder schrittweise an die Tätigkeitsgebiete unseres Ordens herangeführt werden, wobei es ihnen an Gelegenheit zur Übernahme echter Verantwortung nicht fehlen darf.

Art. 92: Mit Fleiß und Sorgfalt sollen sie ihre Ausbildung vorantreiben und sich dabei um besondere Fachkenntnisse in solchen Fragen und Sachgebieten bemühen, die mit unserer Ordensaufgabe zusammenhängen.

Die Provinzoberen haben dafür zu sorgen, daß entsprechend befähigte Ordensmitglieder, Kleriker wie Brüder, an Fachanstalten, Fakultäten oder Hochschulen geschickt werden, wo sie in einzelnen Zweigen der Theologie, des Gesundheitswesens oder auf anderen wichtig erscheinenden Sachgebieten eine höhere wissenschaftliche Ausbildung erfahren.

Art. 94: Auch die Brüder bedürfen, um für ihre Sendung und Aufgabe gerüstet zu sein, einer klaren und vollständigen Kenntnis der religiösen Wahrheiten. Um sich diese anzueignen, sollen sie nach einem angepaßten Lehrplan Theologie studieren. Ferner sollen sie an Lehrgängen und Schulungsveranstaltungen teilnehmen, die mit einem Diplom oder Befähigungsnachweis für verschiedene Bereiche des Pflegedienstes und Gesundheitswesens abschließen.

Art. 45: Unser Dienst meint den Kranken selbst. Ihm stellen wir uns nach seinen Bedürfnissen und unseren Möglichkeiten zur Verfügung.

Zu unserem Tätigkeitsbereich gehören alle Aufgaben des Gesundheitswesens. Hier bemühen wir uns um eine allseitige Erneuerung in Christus und tragen damit bei, das Reich Gottes zu bauen und den Menschen weiterzuhelfen.

Die Priester sind durch ihre Weihe dazu bestellt, die Frohe Botschaft zu verkünden, als Hirten für die Gläubigen zu sorgen und den Gottesdienst zu feiern; diesen Tätigkeiten gilt darum auch im Krankendienst ihr Hauptbemühen.

Bei entsprechender Gelegenheit übernehmen sie aber auch körperlichen Krankendienst; ja, sie können bei besonderer Sachlage mit Erlaubnis des Oberen auch die volle Pflege übernehmen.

Die besondere Aufgabe der Brüder liegt im körperlichen Krankendienst. Da sie aber am Priestertum Christi teilnehmen, wirken sie auch im geistlichen Beistand der Kranken mit.

Kamillianer in der Missionsarbeit

Erst spät hat der Orden der Krankendiener sich den auswärtigen Missionen zugewandt. Zwar lebte Kamillus in einer Zeit, da die Missionsarbeit der Kirche nach der Entdeckung neuer Erdteile und Seewege einen mächtigen Aufschwung nahm. Aber für sich und seinen Orden sah er die von Gott zugewiesene Aufgabe unmittelbar vor der Haustür: ,,Unser Indien sind die Spitäler" war sein Kernsatz, wenn man in der Gemeinschaft gelegentlich auf Arbeit und Erfolge anderer Orden in Übersee zu sprechen kam.

Dieser Ausspruch des Gründers blieb in den folgenden Jahrhunderten maßgebend. Der Orden war und blieb verhältnismäßig klein und fand für seine Mitglieder in den christlichen Stammländern übergenug an Arbeit auf seinem ureigenen Gebiet, der Sorge für die Kranken und die Sterbenden.

Aber in den letzten anderthalb Jahrhunderten hat sich die Lage entscheidend gewandelt. Erschütternde Notstände in der Krankenversorgung, wie Kamillus sie vorfand und wie sie sich in Europa noch über zwei Jahrhunderte halten konnten, begegnen uns heute vornehmlich in der Dritten Welt. So zeigen in der Gegenwart die Wegweiser für den Kamillianerorden, gerade auch vom Geist und Wollen des Gründers her, durchaus nach Ostasien, Afrika und Lateinamerika.

Eine kleine Gruppe von Kamillianern aus Norditalien war schon in den siebziger Jahren des vorigen Jahrhunderts nach Afrika gegangen. Diese Patres arbeiteten eine Reihe von Jahren im Sudan mit Bischof Comboni zusammen, dem Gründer der nach ihm benannten Missionsgesellschaft. Aber die volle Hinwendung des Ordens zur Arbeit in den Missionsländern setzte erst nach dem Zweiten Weltkrieg ein. Im April 1946 reisten erstmals vier Priester und zwei Brüder aus der Lombardischen Provinz nach China, um dort die Arbeit im Sinne des heiligen Kamillus aufzunehmen. Dazu hieß es in einem Schreiben der obersten päpstlichen Missionsbehörde an den Generaloberen des Ordens: ,,Euer Arbeitsfeld, das die Werke der Liebe umfaßt, ist in hohem Maße missionarisch. Euch sollen die Krankenhäuser zufallen, der Gesellschaft Jesu die Schulen oder Bildungsanstalten, einem jeden Orden das, was seinem besonderen Zweck entspricht. Wenn ihr so vorgeht, werdet ihr in China auch Nachwuchskräfte für den Orden gewinnen."

Der hoffnungsvolle Anfang in der südchinesischen Provinz Yünnan wurde leider schon bald durch die kommunistische Besetzung des chinesischen Festlandes zunichte gemacht. Aber auf der den ,,National-Chinesen" verbliebenen großen Insel Taiwan (= Formosa) und den vorgelagerten Fischer-Inseln (Pescadores) und in Thailand konnte sich die Arbeit der Kamillianer und Kamillianerinnen bald um so segensreicher entfalten. Heute steht in Lotung auf Taiwan ein großes, neuzeitlich ausgestattetes Krankenhaus, verbunden mit einer Krankenpflegeschule, die zweihundert Schwesternschülerinnen aufnehmen kann. Von Taiwan aus hat der Orden inzwischen auch auf den Philippinen Fuß gefaßt, wo sich eine verheißungsvolle Entwicklung anzubahnen scheint.

In Thailand haben sich die Kamillianer besonders der vielen Leprakranken angenommen. Dort wurde in Kokwat ein ganzes Dorf für Aussätzige gebaut, wo diese Kranken nicht nur untergebracht und behandelt werden, sondern auch Gelegenheit finden, sich mit ihren verbliebenen Gliedmaßen und Kräften sinnvoll in Gartenbau, Viehzucht und Handwerk zu betätigen. — Ähnliche Ziele, wenn auch unter ganz anderen Verhältnissen, verfolgt im brasilianischen Amazonasgebiet das Leprakrankenhaus in Macapà. Dort arbeiten die Kamillianer zusammen mit Dr. Candia, der seine chemischen Fabriken in Mailand und Neapel verkauft hat, um sein ganzes Vermögen und seine persönliche Arbeit unmittelbar der Krankensorge in einem Notstandsgebiet zu widmen.

Außer in Brasilien sind die Kamillianer noch in Argentinien, Kolumbien und Perù tätig. Die Länder Lateinamerikas gelten nicht eigentlich als Missionsgebiete, weil die Kirche hier seit Jahrhunderten fest eingewurzelt ist. Aber in Gesundheitswesen und Krankenbetreuung wie auch in der Seelsorge herrschen dort zum Teil ganz ähnliche Notstände wie in den Missionsländern.

Die niederländischen Kamillianer haben schon vor fast zwei Jahrzehnten in dem ostafrikanischen Staat Tanzania ihr segensreiches Wirken aufgenommen. Andere afrikanische Länder, in denen Kamillianer aus Italien und Frankreich wirken, sind Kenia, Obervolta und Benin. Die polnischen Mitbrüder sind gerade dabei, auf Madagaskar Fuß zu fassen.

Der deutschen und der österreichischen Ordensprovinz blieb es bisher versagt, Mitglieder in die Mission zu entsenden. Ihre wenigen Priester und Brüder schaffen es gerade noch, die bestehenden Niederlassungen mit ihrem Aufgabenbereich in der Heimat weiterzuführen. Aber unser Beitrag zum Missionswerk des Ordens ist darum nicht weniger wirksam und wichtig. Er besteht, abgesehen von der nicht in Zahlen erfaßbaren geistigen und geistlichen Hilfestellung, im Aufbringen und Zubringen von Geld- und Sachzuwendungen, deren Gesamtwert sich im Lauf der Jahre auf viele Millionen Deutsche Mark berechnen läßt. Nur dank dieser handfesten Hilfe waren Bau und Ausstattung der vielen Krankenhäuser und Ambulatorien, der Kirchen und Schulungseinrichtungen überhaupt möglich.

So teilen sich alle Gliederungen des Ordens, je nach ihren Verhältnissen und Kräften, in die brüderliche Mitverantwortung für den Auftrag des Herrn, der seine Jünger aussandte, „die frohe Botschaft zu verkünden und die Kranken zu heilen" (Lk 9, 1—6).

Kamillianische Gemeinschaften

I. Ordensschwestern

Mehrere Gemeinschaften von Schwestern wissen sich dem Erbe des heiligen Kamillus verpflichtet und suchen in seinem Sinn für die Kranken und Leidenden zu wirken. Besonders sind zu nennen:

1. Die Genossenschaft *„Dienerinnen der Kranken":*
Sie wurde in der ersten Hälfte des vorigen Jahrhunderts durch Mutter Domenica Brun-Barbantini in Lucca (Italien) gegründet. Diese Schwestern betreuen zahlreiche Krankenhäuser in Italien und Brasilien. Mit den Kamillianern arbeiten sie besonders auf Taiwan, in Thailand und Kenia zusammen.

2. Die Genossenschaft der *„Töchter des heiligen Kamillus":*
Gegen Ende des vorigen Jahrhunderts wurde sie durch Mutter Josefine Vannini gegründet, die an dem Kamillianer Pater Alois Tezza einen guten Berater und Helfer hatte. Diese Gemeinschaft hat viele Niederlassungen in verschiedenen Städten Italiens, aber auch in Spanien, Kolumbien, Argentinien, Brasilien, Perù, Indien, Polen und Afrika. In Deutschland ist sie durch Häuser in Düren und Recklinghausen, vor allem aber durch die Kamillus-Klinik in Asbach (Westerwald) vertreten. Dieses Haus ist eines der wenigen Fachkrankenhäuser zur Behandlung

der multiplen Sklerose. Die Klinik verdankt ihre Gründung vor allem den Bemühungen des jüngst verstorbenen Kamillianers Pater Bernhard Rüther, der die ,,Töchter des heiligen Kamillus" für dieses Arbeitsfeld gewann.

II. Kamillianische Schwestern

Entstehung

Im Jahre 1981 erwacht in einigen Frauen, die den Kamillianerpatres in Österreich nahestehen, der Wunsch, sich in die Geistigkeit des heiligen Kamillus und seines Ordens zu vertiefen und in seinem Geist den Kranken und Leidenden zu dienen. Es sind Krankenschwestern, Frauen in sozialen und anderen Berufen. Gegen Ende des Jahres 1981 kommen die ersten von ihnen zum Entschluß, eine Gemeinschaft von Schwestern zu bilden, die in der Welt die Evangelischen Räte der Ehelosigkeit, der Armut und des Gehorsams leben und ganz besonders den Kranken und Leidenden im Geist des heiligen Kamillus dienen wollen. Sie geben sich den Namen KAMILLIANISCHE SCHWESTERN.
Unter der Anleitung einiger Kamillianerpatres treffen sie sich regelmäßig, um miteinander zu beten, sich in ihrem Ideal zu bestärken und die Grundlinien ihrer Geistigkeit und ihres Gemeinschaftslebens zu erarbeiten. Ende 1983 zählt die Gemeinschaft bereits zwanzig Mitglieder, Ende 1985 einunddreißig. Allmählich kristallisieren sich Züge einer Leitungsstruktur heraus mit einer Leiterin der ge-

samten Gemeinschaft, der ein Rat von Mitschwestern zur Seite steht, sowie mit regionaler Aufteilung. Die Schwestern leben bereits faktisch die Evangelischen Räte, pflegen Gemeinschaft untereinander und nehmen sich in ihrem Umkreis kranker und behinderter Menschen an.

Die Kamillianischen Schwestern — ein kirchliches Säkularinstitut

Von Anfang an besteht die Absicht, die juridische Form eines kirchlichen Säkularinstitutes anzustreben. Nach den inzwischen in Geltung getretenen Richtlinien des neuen kirchlichen Gesetzbuches (CIC) für Säkularinstitute werden die Satzungen der Gemeinschaft erstellt. Die Arbeiten dafür sind im Herbst 1985 abgeschlossen. Die Statuten werden dem Bischof von Linz an der Donau offiziell vorgelegt. Die Gemeinschaft wird von diesem mit Schreiben vom 17. Juli 1985 als ,,Kirchlicher Verein" anerkannt, die Statuten bestätigt. Im Rahmen dieser Satzungen soll die Gemeinschaft eine unbestimmte Zeit lang auf Vereinsbasis das Ideal leben, bis die äußeren und inneren Erfordernisse für die Anerkennung als Säkularinstitut erfüllt sind. Die Mitglieder werden dann die Evangelischen Räte der Armut, des Gehorsams und der Ehelosigkeit auf Grund öffentlicher Gelübde leben. Nach dem neuen Kirchenrecht können auch Personen der Gemeinschaft angeschlossen werden, die aus irgendeinem Grund die Gelübde nicht ablegen, jedoch mit den Zielen und der Geistigkeit der Kamillianischen Schwestern sich verbunden fühlen und identifizieren können.

Grundlinien der Gemeinschaft

Die Lebensform der Kamillianischen Schwestern — wenn auch vorläufig noch in der juridischen Form eines KIRCHLICHEN VEREINES — ist die eines Säkularinstitutes. Das heißt, die Schwestern wollen an ihrem Weltort Christus in vollkommener Liebe dienen und so Zeugnis geben von der Anwesenheit Gottes in der Welt. Sie verpflichten sich zu einem Leben der Ehelosigkeit um des Himmelreiches willen, einer armen und bescheidenen Lebensweise und des Gehorsams gegenüber Gott nach den von den Statuten festgelegten Grenzen. Nach den Weisungen des neuen Kirchenrechtes sind die Leitungsstruktur, die Aufnahme und Entlassung, die Einführung in das volle Leben nach den Evangelischen Räten, die Art des Apostolates und des geistlichen Lebens geregelt.

Das Gemeinschaftsleben

Die Schwestern wissen sich in ihrem Apostolat untereinander und mit der großen Familie der Kamillianischen Gemeinschaft verbunden. Gebet, Gedankenaustausch, Zeugnisse über Freud und Leid in der Nachfolge werden regelmäßig, auch auf brieflichem oder telefonischem Wege, gepflegt beziehungsweise einander mitgeteilt.

Der besondere Dienst für die Kranken und Leidenden

Die Kamillianischen Schwestern wollen die Sorge Christi für die Kranken und Leidenden übernehmen und die Liebe Christi zu den Kranken bringen. Dazu müssen sie nicht unbedingt in einem krankenpflegerischen Beruf stehen. Unabhängig von ihrer äußeren Tätigkeit wollen sie im persönlichen und gemeinschaftlichen Gebet täglich die Kranken dem Herrn empfehlen und Gott bitten, daß er die Kranken heile oder/und deren Leiden zum Segen wende für sie selber wie für viele andere Menschen. Dabei sind sie aufgeschlossen für die Dimension des heilenden Dienstes, den die Kirche vom Herrn empfangen hat und wie er gerade in den letzten Zeiten im Aufleben des Charismas der Krankenheilung unter Gebet und Handauflegung sichtbar wird.

In ihrer Liebe zu Gott und zu den Kranken opfern sie dem Herrn täglich ihr Tagwerk auf: die Freuden und Sorgen, die normalen, aber auch außerordentlichen Belastungen tragen sie im Geiste der Liebe und des Dienstes für die Kranken und Leidenden und stellen sie dem Herrn zur Verfügung. Darin besteht denn auch das Maß der von der Gemeinschaft festgelegten Übungen der Abtötung. In dieser Haltung des geduldigen Tragens und der apostolischen Gesinnung wollen sie sich geistig mit den Leidenden selbst vereinen und solidarisch vor Gott hintreten.

Über ihre beruflichen Verpflichtungen hinaus wollen sie in ihrem privaten und freizeitlichen Lebensbereich besonders für Kranke, Leidende und deren Angehörige in ihrer Umgebung dasein und mit Rat und Tat helfen. Sie unterstützen dabei auch bewußt die seelsorgliche und soziale Tätigkeit ihrer Kamillianerbrüder, indem sie bei deren Unternehmungen für die Kranken und Leidenden mit Hand anlegen oder in Planung, Ausführung und Nacharbeit bereitwillig mitarbeiten (Krankenwallfahrten, verschiedene Kurse und Seminare für Behinderte und Kranke, seelsorgliche Krankenbesuche in den Privathäusern, Gottesdienstgestaltung, soziale Hilfen für Leidende etc.).

Wenn sie hauptberuflich in irgendeiner Form im Krankendienst stehen, so wollen sie ihren Dienst ganz im Geiste und nach dem Beispiel Jesu ausführen, dabei aber ganz bewußt im Geist des heiligen Kamillus und in der Gemeinschaft und geistigen Verbundenheit mit den Schwestern und Brüdern wirken.

In diesen Einsätzen für die Kranken bemühen sie sich, die Erkenntnisse der entsprechenden Wissensgebiete zu berücksichtigen. Von Zeit zu Zeit nehmen sie dafür auch an grundsätzlich einführenden oder fortbildenden Veranstaltungen und Kursen teil. Der regelmäßige Erfahrungsaustausch und die Reflexion über die Arbeitsweise und weitere Formen des Dienstes gehören zur selbstverständlichen Aufgabe innerhalb der Berufung für die Kranken.

Wer kann Kamillianische Schwester werden?

In die Gemeinschaft der Kamillianischen Schwestern können Frauen aufgenommen werden, welche die Volljährigkeit erreicht haben und durch kein Ordensgelübde einer kirchlichen Gemeinschaft oder Eheband gebunden sind: Frauen, die aus religiöser Überzeugung Christus, dem Herrn, in Ehelosigkeit, Armut und Gehorsam folgen wollen und seelisch und geistig gesund sind und besonders die Liebe Christi zu den Kranken und Leidenden konkret leben wollen. Dabei spielen sozialer oder bildungsmäßiger Stand keine Rolle. Auch körperbehinderte Menschen können voll und ganz Mitglieder der Kamillianischen Schwestern werden.

Ausbreitung der Gemeinschaft .(Stand 1986)

Nach knapp fünf Jahren ihres Bestehens ist die Gemeinschaft der Kamillianischen Schwestern bereits an folgenden Orten (mit Lokalgemeinschaften) verbreitet und tätig:

In Deutschland: Essen.

In Österreich: Wien — St. Valentin/N.Ö. — Linz/D. — Altenhof/O.Ö. — Voralberg.

Leiterin der Gemeinschaft ist: Sr. Heidi Hinteregger.

Kontaktanschriften für nähere Auskünfte über die Gemeinschaft:

In Deutschland:

Sr. Anita Feldmann,
Dilldorferstr. 69,
D—4300 Essen 15.

P. Dr. Johannes Dammig,
Glehnerweg 41,
D—4040 Neuß/Rh.

In Österreich:

Sr. Heidi Hinteregger,
Loschkeweg 12a/III,
A—4210 Gallneukirchen, O.Ö.

P. Dr. Anton Gots,
Losensteinleiten 1,
A—4493 Wolfern, O.Ö.

In regelmäßigen Abständen gibt es Treffen und Tagungen zur Vertiefung der Spiritualität und zu Anregungen für das weitere Apostolat. Jährlich finden auch gemeinsame Wochen für Bildung, Exerzitien etc. statt.

Das geistliche Leben der Kamillianischen Schwestern

Nach den Weisungen der Kirche für Säkularinstitute sind die Kamillianischen Schwestern bemüht, in der Welt ein Leben mit Gott, aus Gott und für Gott zu leben. Dazu dient ihnen ganz besonders die Pflege eines regelmäßigen Gebetslebens privat und in Gemeinschaft mit den Christen an ihrem Wohnort und mit der kirchlichen Gemeinde. Die Schwestern verrichten täglich das ,,Gebet der Kamillianischen Schwestern", sie wissen sich dabei untereinander und mit ihren Brüdern in der gleichen Nachfolge des heiligen Kamillus verbunden. Täglich beten sie die Laudes und die Vesper sowie andere Tagzeiten aus dem Stundengebet der Kirche.

Nach Möglichkeit suchen sie Anschluß an die kirchliche Pfarrgemeinde ihres Arbeits- oder Wohnortes und arbeiten aktiv in der Gemeinde mit, vor allem im Bereich der Diakonie. Die Sorgen und Freuden ihrer kirchlichen Gemeinde, insbesondere jene der Kranken und Leidenden, tragen sie im Gebet täglich vor Gott hin.

Sooft es ihnen möglich ist, feiern sie auch an Wochentagen die heilige Eucharistie mit und vereinen sich mit dem Herrn in Brotsgestalt. Sie kommen gern zur eucharistischen Anbetung in eine Kirche.

Sie bemühen sich um eine geistliche Begleitung durch einen Priester und gehen auch in regelmäßigen Abständen zur heiligen Beichte.

Vertiefung in das Wort Gottes, regelmäßige Einkehrtage im Jahresablauf, geistliche Übungen wenigstens einmal im Jahr, geistige Aufgeschlossenheit für die Nöte und Segnungen unserer Zeit kennzeichnen das geistliche Leben einer Kamillianischen Schwester. In besonderer Weise verehren sie, wie die Mitglieder des Kamillianerordens, die Gottesmutter Maria in Gebet und Nachahmung ihrer Tugenden.
Der heilige Kamillus ist ihr besonderes Vorbild im persönlichen Leben und Streben und im sozialen Einsatz für die Kranken und Leidenden. Das Studium seines Lebens und seiner Geistigkeit und die Anrufung um seine Fürbitte sind daher ein besonderes Anliegen der Kamillianischen Schwestern auf ihrem geistlichen Weg.

III. Kamillianische Familie

Die Situation, in der wir leben

Krankheit und Leid jedweder Art sind eine unübersehbare Realität. Rund 33 Prozent aller Menschen tragen heute akut an irgendeiner Behinderung, Krankheit, Schwäche oder leiden als Anverwandte mit. Das Leid ist da — und schreit nach Abhilfe. Neben den unentbehrlichen Hilfen durch die Gesellschaft, wie Anstalten, Therapien, Medikamente etc., ist die menschliche Zuwendung und Anteilnahme mehr denn je gefordert und die Begegnung von Mensch zu Mensch buchstäblich not-wendig.

Die Sorge Christi für die Kranken und Leidenden

Gott hat sich in Christus des Leidens angenommen. Der Herr hat sich persönlich dem Leid und den Leidenden gestellt. Er hat seine Kirche beauftragt und befähigt, sich der Leidenden anzunehmen. Die Kirche soll die Sorge Christi für die Kranken übernehmen und in seiner Vollmacht Heil und Heilung bringen. Der Seelsorger der Gemeinde, aber auch alle anderen Mitglieder derselben tragen an diesem Auftrag mit. Wie sie ihn ausführen, das ist zugleich ein gültiger Maßstab für ihre ,,Christlichkeit".

Der heilige Kamillus — ein gelebter Weg der Sorge für die Kranken

Für unseren Lebensweg der Nachfolge brauchen wir Vorbilder. Gott zeigt uns durch das Leben von Menschen, die in der Nachfolge Christi stehen, wie wir seine Liebe beantworten und seinen Auftrag leben können. Die Heiligen sind Zeichen Gottes für unser Leben. Der *heilige Kamillus* ist ein solches Zeichen Gottes im Leid und für den Dienst an den Leidenden. Er war selbst schwerkrank und stand trotzdem Jahrzehnte hindurch im aktiven Einsatz an den Stätten der Kranken: als Krankenpfleger, als Krankenhausverwalter, als Seelsorger, als Anführer seiner Gefolgsleute, die sich ihm anschlossen und als neuer Orden im Geiste Christi den Kranken dienten. In diesem Orden lebt Kamillus weiter. Sein Beispiel, seine Liebe zu den Kranken, seine Ideen, seine Organisationsformen werden durch seine Patres und Brüder und die später entstandenen Schwesterngemeinschaften bis heute weitergetragen.

Die Liebe Christi zu den Kranken und Leidenden, seine Sorge für ihr Heil, ist ihre konkrete Lebensaufgabe.

Die Kamillianische Familie

Kamillus bringt nicht nur neuen Geist in die Spitäler der Stadt Rom, er wird, besonders in Zeiten von Seuchen, auch in auswärtige Städte gerufen, damit er sich dort der Kranken annehme. Er hilft mit seinen Patres und Brüdern, aber er organisiert auch die freiwilligen Helfer am Ort. Er formt sie zu Teams — und geht ihnen mit dem eigenen Beispiel im Einsatz voran. Diese Form des Einsatzes in den Gemeinden, die lange Zeit vergessen war, lebt in unseren Tagen wieder auf. Sie erweist sich nach bisherigen Erfahrungen als sehr fruchtbar und wirksam. Ihre heutige konkrete Gestalt ist eben die sogenannte KAMILLIANISCHE FAMILIE (KF).

Wesen der KF

Die KF ist eine Gruppe von etwa zwanzig Personen — Kranke, Behinderte, sonstwie Leidende, Angehörige derselben, ganz Gesunde —, die im Geiste Christi nach dem Beispiel des heiligen Kamillus in der eigenen Gruppe selbst helfen wollen, das Leid zu bewältigen, die aber über ihre Gruppe hinaus auch Kranke und Leidende in ihrer Umgebung im Geiste Christi betreuen. Die Mitglieder können Verheiratete oder Ledige sein, Priester oder Ordensleute, Junge oder Alte, Männer oder Frauen. Sie wissen sich von Gott gerufen, die Sorge Jesu für die Leidenden weiterzutragen: durch Gebet, durch Aufopferung ihrer Leiden, durch tätigen konkreten Einsatz. Grundlage der Geistigkeit sind die Grundsätze und die

Arbeitsweise der Kamillianer. Die Patres und Schwestern des Kamillianerordens leisten auch die nötige Hilfe beim Aufbau der KF und bei der weiteren Tätigkeit.

Die KF — der verlängerte Arm des Gemeindeseelsorgers
Die KF versteht sich — über die Dienstfunktion an den Mitgliedern hinaus — als Helferteam des jeweiligen Gemeindeseelsorgers in seiner Sorge für die Kranken und Leidenden. Sie arbeitet mit ihm intensiv zusammen. Mit seinem Wissen und unter seiner Mithilfe entsteht in seinem Sprengel eine Kamillianische Familie, im Kontakt mit ihm arbeitet sie. Auch wenn er selbst nicht aktiv beteiligt sein kann, weiß er um sie und vertraut ihr seine konkreten Anliegen für die Kranken und deren Familien in seinem Gebiet an. Einzelne Kamillianische Familien können auch aus Mitgliedern mehrerer Pfarreien bestehen. Auch in dieser Zusammensetzung wissen sie sich als Helfer ihrer Seelsorger auf Pfarrebene. Jede ,,Familie" hat ihr eigenes Gepräge, ihr eigenes Klima, bisweilen auch ihr eigenes Arbeitsfeld. So sind die KF eine willkommene und dankbare Konkretisierung der pfarrlichen Sozialausschüsse für die Sparte der Krankenbetreuung.

Aufbauarbeit — Arbeitsweise — Organisation
Wenn sich an einem Ort mindestens acht bis zehn Interessierte gefunden haben, beginnt im Einvernehmen mit dem Ortsseelsorger — meist durch einen Kamillianer oder durch eine Kamillianische Schwester — die Einschulung nach einem ausgearbeiteten Plan (Arbeitsmappe). Die Schulung erstreckt sich auf sechs bis sieben Einheiten, eine Einheit pro Monat. Sie besteht in der Einübung

von Kommunikation in der Gruppe, in Gebet und Meditation, in der Hinführung zum Geist Christi im Dienst an den Leidenden — nach dem Vorbild des heiligen Kamillus. Vor allem wird die praktische Arbeit für Kranke und Leidende am Ort gesichtet, als Aufgabe abgegrenzt und deren Durchführung besprochen. Mit einer religiösen Feier wird das Einführungsprogramm beendet. Dabei bekunden die Teilnehmer ihre Bereitschaft, die Sorge Christi für die Kranken zusammen mit dem Ortspfarrer mittragen zu wollen. Bei dieser Feier wird auch die Leitung dieser ,,Familie" gewählt, die die Gruppe weiterhin führt. Sie besteht aus einem Leiter, dem zwei oder drei Assistenten zur Seite stehen. Die ,,Familie" trifft sich weiterhin regelmäßig mindestens einmal im Monat zu einem, nach örtlichen und zeitlichen Umständen je verschieden gearteten Programm. Bei diesen Treffen beten sie wie an den Abenden der Einführung und meditieren miteinander, berichten über ihre Erfahrungen, geben Rechenschaft über ihre Einsätze für die leidenden Menschen, bekommen Impulse für ihr weiteres Engagement und neue Aufgaben für die nächste Zeit und sind anschließend auch gemütlich-gesellig beisammen. Oft wird auch die heilige Eucharistie gefeiert. Ein solches Treffen dauert in der Regel zwei bis drei Stunden. Über das Treffen hinaus stehen die Mitglieder miteinander in Kontakt durch gegenseitige Besuche, Telefonate, Briefe etc. Mit den Kamillianern bleibt die ,,Familie" fernerhin verbunden durch regelmäßige Rundbriefe, durch persönliche Kontakte und über die Gruppenleiter, die in regelmäßigen Abständen für die Jahresarbeit zusammengerufen werden. Treffpunkte sind dafür Kamillianerklöster in

Deutschland und Österreich. (In Deutschland: Kamillushaus, Glehnerweg 41, 4040 Neuss und das Altersheim „St. Anna", Waisenhausstr. 8, 5160 Düren [Kamillianerinnen]; in Österreich: Kamillianerkloster, Losensteinleiten 1, 4493 Wolfern.)

Verbundenheit unter den Mitgliedern in aller Welt
In den letzten Jahren konnten im deutschsprachigen Raum rund zwanzig Kamillianische Familien gegründet werden. Weitere Familien sollen in nächster Zeit an anderen Orten entstehen. Auch in außereuropäischen Ländern gibt es die KF. Die Mitglieder in aller Welt wissen sich mit der großen Kamillianischen Gemeinschaft der Patres, Brüder und Schwestern verbunden. Zu einem bestimmten Zeitpunkt des Tages — bei uns im deutschsprachigen Raum zur Zeit des Angelus-Läutens — denken alle Mitglieder der großen Kamillianischen Familie aneinander im Gebet. Der einzelne, sei es als Schwerkranker im Bett oder als Behinderter, sei es als Angehöriger eines Pflegeberufes, sei es als völlig Gesunder, weiß, daß jetzt viele an ihn denken, ihn im Gebet mittragen und vor Gott für ihn einstehen. Er weiß, daß auch sie sein Gebet brauchen und von seinem Gebet leben.

Die KF — eine Schule der Liebe und ein Angebot von Gott
Papst Benedikt XIV. hat das Leben und das Werk des heiligen Kamillus eine „neue Schule der Nächstenliebe" im Dienst an den Leidenden genannt. Die Mitglieder der Kamillianischen Familien kommen aus dieser Schule und verstehen sich als Angebot für den Pfarrseelsorger in sei-

ner Sorge für die Leidenden in seiner Pfarrei: für die Gesunden, die Sorge Christi für die Leidenden mitzutragen; für die Kranken und Behinderten, ihrem Dasein unter dem Kreuz einen Sinn zu geben.

Kontaktadressen:

In Deutschland:

P. Dr. Johannes Dammig
Glehnerweg 41
D—4040 Neuss/Rh.

In Österreich:

P. Dr. Anton Gots
Losensteinleiten 1
A—4493 Wolfern, O.Ö.

Anschriften

Provinzialat der deutschen Kamillianer:
Kamillushaus, Heidhauser Straße 273,
D—4300 Essen 16.

Missionswerk der Kamillianer:
Sudmühlenstraße 69,
D-4400 Münster-Sudmühle.

Provinzialat der österreichischen Kamillianer:
Kamillianer-Kloster,
Versorgungsheimstraße 72,
A—1130 Wien.

Töchter des heiligen Kamillus:
Kamillus-Klinik,
D-5464 Asbach.

Inhaltsübersicht

Diese Kleinschrift will 5
Mühsame Jugend 7
Der neue Weg 12
Zur Gründung eines Ordens 16
Ein schwerer Anfang 21
Heldenzeit 27
In seinem Element 30
Zeichen und Wunder 36
Bußgeist und Heilssorge 39
Nothelfer in der Heimat 43
Leuchtender Abend 45
Ein heiliges Sterben 50
Heiliger Kamillus, bitte für uns! 55
Weitere Entwicklung des Ordens 58
Der deutsche Ast am Baum des Ordens 62
Die Kamillianer in Österreich 70
Der Bruder im Kamillianer-Orden 74
Kamillianer in der Missionsarbeit 82

Kamillianische Gemeinschaften 86
I. Ordensschwestern 86
II. Kamillianische Schwestern 87
Entstehung 87
Die Kamillianischen Schwestern — ein kirchliches
    Säkularinstitut 88
Grundlinien der Gemeinschaft 89
Das Gemeinschaftsleben 89
Der besondere Dienst für die Kranken und
    Leidenden 89

Wer kann Kamillianische Schwester werden? ... 91
Ausbreitung der Gemeinschaft (Stand 1986) 92
Das geistliche Leben der Kamillianischen
   Schwestern 93

III. Kamillianische Familie.................... 94
Die Situation, in der wir leben 94
Die Sorge Christi für die Kranken und Leidenden 95
Der heilige Kamillus — ein gelebter Weg
   der Sorge für die Kranken 95
Die Kamillianische Familie 96
Wesen der KF 96
Die KF — der verlängerte Arm des
   Gemeindeseelsorgers 97
Aufbauarbeit — Arbeitsweise — Organisation ... 97
Verbundenheit unter den Mitgliedern in aller Welt 99
Die KF — eine Schule der Liebe und
   ein Angebot von Gott 99

Anschriften 101